エステル・デュフロ
Esther Duflo

レイチェル・グレナスター
Rachel Glennerster

マイケル・クレーマー
Michael Kremer

著

政策評価のための
因果関係の
見つけ方

ランダム化比較試験 入門

小林庸平 監訳・解説
Yohei Kobayashi

石川貴之　井上領介　名取 淳 訳
Takayuki Ishikawa　Ryosuke Inoue　Jun Natori

Chapter 61 of Handbook of Development Economics,
Volume 4 edited by T. Paul Schultz and John Strauss

日本評論社

HANDBOOK OF DEVELOPMENT ECONOMICS, Volume 4
（ISBN: 9780444531001）

edited by T. Paul Schultz and John Strauss

Copyright © 2008 by Elsevier B. V.

This edition of Chapter 61 of *Handbook of Development Economics Volume 4*
edited by T. Paul Schultz and John Strauss is published by arrangement with Elsevier BV
c/o John Scott & Co. through The English Agency（Japan）Ltd.

本書 Chapter 61 of *Handbook of Development Economics, Volume 4*
edited by T. Paul Schultz and John Strauss の独占日本語翻訳権は、
株式会社イングリッシュ・エージェンシー・ジャパンを通じて
Elsevier BV c/o John Scott & Co. から取得されています。

To the extent permissible under applicable laws, no responsibility is assumed by Publisher nor by the Proprietor for any injury and/or damage to persons or property as a result of any actual or alleged libellous statements, infringement of intellectual property or privacy rights, or products liability, whether resulting from negligence or otherwise, or from any use or operation of any ideas, instructions, procedures, products or methods contained in the material therein.

訳者まえがき

本書は、*Handbook of Development Economics* 第 4 巻第61章 Duflo, Glennerster, and Kremer（2008）"Using Randomization in Development Economics Research: A Toolkit"の訳書である。

経済学の実証研究の世界では、フィールド実験と呼ばれる手法が近年急速に発展してきた。フィールド実験とは、医療をはじめとした自然科学の分野で使われてきた「ランダム化比較試験（Randomized Controlled Trial: RCT）」と呼ばれる手法を、現実社会のなか（フィールド）で適用することによって、政策等の効果を厳密に測定する手法である。RCT・フィールド実験をいち早く取り入れたのが開発経済学であり、著者の一人であるマサチューセッツ工科大学のエステル・デュフロ教授はそのパイオニアである。そのため本書の内容も、基本的には開発経済学において RCT・フィールド実験を適用することを念頭において執筆されている。しかしながら本書は、理論的な解説や実践的なノウハウが数多く盛り込まれており、社会科学の実証研究において幅広く役に立つ内容となっている。

とりわけ近年は、先進国を中心として「エビデンスに基づく政策形成（Evidence-Based Policy Making: EBPM）」が重視されるようになってきた。EBPM の基本的な考え方や政策形成における RCT・フィールド実験の活用方法については本文および解説をご覧いただきたいが、RCT・フィールド実験は政策等の効果を精緻に検証するための有用な分析ツールであり、現実の政策形成のなかでも EBPM のための重要な分析道具のひとつとして位置づけられるようになってきた。

本書翻訳のきっかけは2015年にさかのぼる。当時の日本では、まだ「EBPM」という言葉自体ほとんど普及していなかったが、私は、エビデンスを政策形成にもっと活用していくことの必要性を感じていた。本文や解説をご覧になればお分かりいただけると思うが、政策の意思決定に活用可能なエビデンスを「つくる（＝効果検証する）」ためには、経済学の実証研究で広

く活用されてきた「後ろ向き評価（retrospective evaluation）」だけでなく、RCTやフィールド実験といった「前向き評価（prospective evaluation）」を活用していくことが求められる。また、行政は政策の執行主体であるため、前向き評価を自ら仕込んでいける立場にもある。

　しかしながら、私が計量経済学を本格的に学んだ大学院修士課程の頃（2004〜2006年）は既存のデータを用いて経済現象を実証的に分析する後ろ向き評価が中心だった。前向き評価と後ろ向き評価は、外形的な分析方法こそ似ているものの、その発想は大きく異なる。例えば後ろ向き評価では、既に存在しているデータや経済現象を観察し、そこから興味深い仮説が構築できるか考え、原因と結果の因果関係が特定可能な条件が満たされているかを検討し、統計的な分析を行う。しかしながら前向き評価の場合は、検証したい問いを立て、それを検証するためのフィールドを探し、政策（介入）を実際に実施し、データを収集して分析を行う。伝統的な後ろ向き評価では先にデータがある場合がほとんどであるのに対して、前向き評価ではデータが最後に収集されるのである。つまり、個々のステップごとにみれば前向き評価と後ろ向き評価は類似しているものの、全体を貫く発想が大きく異なるのである。そのため私は、RCTやフィールド実験の理論・実践を一度体系的にきちんと勉強したいと思うようになった。

　その頃、旧知の伊藤公一朗さん（現：シカゴ大学公共政策大学院准教授）から推薦されたのが本書の原論文だった。伊藤公一朗さんのお名前は、2017年に出版された『データ分析の力　因果関係に迫る思考法』（光文社新書）という書籍でご存知の方も多いと思うが、若手の経済学の実証研究者の世界的なトップランナーの一人で、自身でも数多くのRCT・フィールド実験を手掛けている方である。

　原論文を一読して、じっくり読むに値するものであると感じた。私は民間のシンクタンクに勤務する研究員だが、勉強するのであれば、一人でではなく関心のあるメンバーを集めて勉強会を開催しようと考え、若手メンバーに声を掛けて始まったのが本書の輪読会である。当初、輪読会はあくまでも自分たちの勉強のために開始したものであり、翻訳出版をしようという意図は持っていなかった。しかし読み進むにつれて、その内容が理論面・実践面の

双方でとても素晴らしく、ぜひとも日本国内での共有知にしたいと思うようになった。軌を一にして、日本において EBPM に少しずつ注目が集まり始め、EBPM のツールのひとつとして RCT が紹介されるようになってきた。しかしながら本文や解説で述べられているように、RCT はその原理こそ簡単であるものの、現実社会のなかでそれを実施してくためには、数々の困難や知っておくべき知識がある。そのため本書の翻訳書の出版には社会的意義があるのではないかという思いを強く持つようになった。

その頃に相談に乗っていただいたのが後藤康雄さん（現：成城大学社会イノベーション学部教授）である。後藤さんは私にとって民間シンクタンク業界の大先輩であり、日本を代表するエコノミストのお一人であるが、同時に学術的な深い知見も兼ね備えていらっしゃる稀有な方である。当時経済産業研究所に所属されていた後藤さんに本書の翻訳書出版についてご相談したところ、日本評論社の担当者を早速ご紹介いただき、とんとん拍子で出版が決まったのである（ただしこの話には後日談があり、出版自体はとんとん拍子で決まったものの、翻訳・解説に予想以上の時間を要してしまい、当初の出版予定日から大幅に後ろ倒しになってしまったことは、日本評論社の皆様にお詫びしなければならない）。

本書をお読みいただくとお分かりいただけると思うが、決して初歩的な内容ではなく、統計学や経済学に関する基本的な理解があった方が、より正確に読み進めることが可能だろう。しかし直感的に理解可能な内容も多く含まれており、数式やテクニカルな記述を読み飛ばしたとしても一読に値するものである。また、本書を読み進める上で参考になると思われる情報を可能な限り訳注で補ったため、一見して理解しにくい内容であったとしても、訳注で理解を補いながら読んでいただけるのではないかと考えている。加えて本書末尾の解説では、EBPM の基本的な考え方や、EBPM における RCT の位置づけ、そして本書のエッセンスを説明しているため、本文で理解しにくい部分があれば、適宜解説を参照していただきたい。場合によっては、解説を先にお読みいただき、全体像を把握した上で本文をお読みいただくと、より一層理解が深まるのではないかと考えている。

本書の翻訳や訳注、そして解説は、内容の正確性に留意しながらも、できるだけ分かりやすい日本語となるように努めた。我々の試みが成功しているかどうかは読者の皆様のご判断に委ねたいが、誤りなどあればご指摘いただければ幸いである。

　前述の通り、本書執筆の過程では、伊藤公一朗さんや後藤康雄さんなど数多くの方にお世話になった。特に日本評論社の道中真紀さんには、原稿を丁寧にお読みいただき、数多くの改善点をご指摘いただいた。記して感謝申し上げたい。

　本書の内容が日本国内に広まることで、より良い政策形成の一助となれば幸いである。

　令和への改元の日に

訳者を代表して　小林　庸平

目　次

訳者まえがき　　i

第1章　はじめに　……………………………………　1

第2章　なぜランダム化が必要なのか？　……………………　4

2.1　因果推論の問題　4
2.2　ランダム化による選択バイアス問題の解決　7
2.3　選択バイアスを補正するその他の方法　10
　　2.3.1　観測可能な変数を用いた選択バイアスの制御　11
　　2.3.2　回帰不連続デザイン　12
　　2.3.3　差の差推定と固定効果推定　14
2.4　実験的手法と非実験的手法の比較　15
2.5　出版バイアス　18
　　2.5.1　非実験的研究における出版バイアス　18
　　2.5.2　ランダム化と出版バイアス　20

第3章　調査設計におけるランダム化比較試験の導入　…………　23

3.1　パートナー　24
3.2　パイロットプロジェクト：プログラム評価からフィールド実験へ　27
3.3　特殊なRCTの例　29
　　3.3.1　応募超過法　30
　　3.3.2　段階的導入の順番のランダム化　30
　　3.3.3　グループ内ランダム化　32
　　3.3.4　奨励設計　33

第4章　サンプルサイズ、実験設計、検出力　………………　36

4.1　基本原理　36
4.2　グループ化されたエラー　41
4.3　不完全コンプライアンス　43
4.4　制御変数　45
4.5　層化　47
4.6　実践的な検出力の計算　49

vi 目次

第5章 実際の調査設計と実施にあたっての留意事項 ………… 53

5.1 ランダム化の単位 53
5.2 横断的手法について 56
5.3 データ収集 60
    5.3.1 事前調査の実施 60
    5.3.2 行政データの利用 61

第6章 「完全なランダム化」が行われない場合の分析 ………… 63

6.1 割当率が層別に異なる場合 63
6.2 不完全コンプライアンス 64
    6.2.1 ITT から ATE（平均処置効果）へ 68
    6.2.2 IV が適切でない場合 72
6.3 外部性 73
6.4 脱落 76

第7章 推論に関する問題 ……………………… 80

7.1 グループ化されたデータ 80
7.2 複数アウトカム 82
7.3 サブグループ化 84
7.4 共変量 86

第8章 外的妥当性とランダム化比較試験から
得られた結果の一般化 ………………… 87

8.1 部分均衡効果と一般均衡効果 87
8.2 ホーソン効果とジョンヘンリー効果 89
8.3 特定のプログラムやサンプルを越えての一般化 91
8.4 RCT の結果の一般化可能性に関するエビデンス 93
8.5 フィールド実験と理論モデル 96

解説 エビデンスに基づく政策形成の考え方と
本書のエッセンス ………………………… 100

参考文献 139
索引 149
著訳者紹介 152

第 1 章

はじめに

　ランダム化は、経済学者にとって不可欠な研究ツールになっている[1]。2000年代以降、経済学者が直接的もしくは間接的に関与する形でランダム化を用いた評価が行われており、その数はますます増加している。ランダム化比較試験（Randomized Controlled Trial: RCT）の適用範囲は多岐に渡る。例えば、学校での教育施策が学習に及ぼす影響や（Glewwe and Kremer 2006）、農業における新技術の採用の効果（Duflo et al. 2006）、運転免許行政における不正の影響（Betrand et al. 2006）、消費者金融市場におけるモラルハザード・逆選択の影響（Karlan amd Zinman 2007）の評価などに利用されてきた。いずれの研究も重要な政策的課題に解を与えようとするものであり、経済学の理論の検証にも使われている。

　アメリカで行われてきた初期の「社会実験」では、多額の予算と多くの人員を使って、複雑な介入を行ってきた。しかし、途上国で近年行われているRCTの多くは、非常に少額の予算で実施されており、開発経済学者にとって十分実践可能なものである。こうした小規模なRCTは、現地のパートナーと協働して行われることになるため、研究者にとってはより柔軟に調査を設計し、評価を行うことが可能となる。その結果、RCTは強力な研究ツールになってきている。

　ランダム化を用いた研究事例の数は開発経済学の分野全体のなかではまだまだ少ないが[2]、RCTを行うための理論的な知見や実践的な経験がこれまでに多く蓄積されてきた。本書では、RCTを行う際の教訓をまとめると共

1）〔訳注〕原著は開発経済学でのRCTの適用を念頭に執筆されたものであるため、後出の事例は当該分野におけるものが多用されている。

に、研究者が RCT を進める上での指針を示したい。つまり本書では、途上国において RCT をどのように行い、分析し、解釈すべきかについて実践的なガイダンスを示すと共に、経済行動に関する疑問に解を与えるために、RCT をどのように利用すればよいのかを紹介する。

本書の目的は、開発経済学においてランダム化を利用した研究を概観することではない[3]。また、他の研究手法を補完や代替する手段として RCT を活用することに言及するものの、それを正当化することも本書の目的ではない[4]。本書は、RCT を調査設計の一部として活用することに興味がある人たちに対して、実践的なガイダンスを提供することを目的としている。

本書の構成は以下の通りである。第2章では、「潜在アウトカム」という枠組みを紹介しつつ、「過去に遡る形」で行われてきた従来の評価手法（以下、「後ろ向き［retrospective］評価」と言う）に特有の問題が、RCT によってどのように解決されるのかを議論する[5]。ここでは、特に「選択バイアス」に焦点を当てる。選択バイアスは、アウトカムに影響を与えるような特性に基づいて個人やグループが処置群に割り当てられる場合に生じる問題だが、選択バイアスがあると処置効果を測定することが難しくなってしまう。また、後ろ向き評価を行う研究では、事前仮説を裏付ける結果や、統計的に有意な結果が報告されやすく、それは出版バイアスと呼ばれるが、第2章ではこの問題についても議論する。

第3章では、現実世界においてどのようにランダム化を行うことが可能か

2）〔訳注〕原著は2008年に執筆されたものであるが、以降これまでの間に、開発経済学の分野全体のなかで RCT が用いられた事例数は増えており、状況は変わってきている。

3）〔原注〕Kremer（2003）や Glewwe and Kremer（2006）は、教育に関する RCT を概観している。Banerjee and Duflo（2006）は、RCT の結果から、途上国において教師や看護師の出席率を改善するためにはどうすればよいかを整理している。Duflo（2006）は、インセンティブや社会的学習、双曲割引について概説している。

4）〔原注〕これについては、Duflo（2004）や Duflo and Kremer（2005）を参照されたい。

5）〔訳注〕既存の評価手法の多くは「過去に遡る形」で行われてきた。つまり、研究者は、ある政策が実施された後で、過去のデータを用いて当該政策の評価を行おうとしてきたのである。しかし、後述の通りそうした後ろ向き評価は多くの問題をはらんでおり、RCT はそれらの問題を解決する手段となりえる。

を議論する。どういったパートナーと協働すべきか、パイロットプロジェクトをどのように利用すべきか、倫理的・政治的に受け入れられる形でランダム化する方法は何かを議論する。

　第4章では、研究者が評価設計の検出力にどのように影響を与えることができるか、もしくは統計的に意味のある結論を得るにはどうすればよいかを議論する。ここでは、サンプルサイズをどのように決定するべきか、ランダム化の単位や、制御変数の利用可能性、層化によって、検出力にどういった影響が出るのかを議論する。

　第5章では、RCTを行う際に直面する実際の評価設計、具体的には「ランダム化の単位をどう設定すべきか（個人、家族、村、地域など、どの単位でランダム化するか）」について議論する。ここでは、クロスカッティングデザインと呼ばれる横断的手法のメリットとデメリットや、いつどのようなデータを集めるべきかについても検討する。

　第6章では、理想的なランダム化ができなかった場合に、どのようにデータを分析すべきかを議論する。ここでは、グループごとに割当率（処置群か対照群かに割り当てられる確率）が異なる場合の対処方法や不完全コンプライアンス、外部性について議論する。

　第7章では、データがグループ化されている時や、複数のアウトカムやサブグループが存在する時に、処置効果を正確に推定する方法を議論する。

　最後に第8章では、RCTの結果を一般化する際の課題について議論する。RCTの設計時やそこから得られた分析結果を解釈する際に、経済理論をどのように活用するかについても議論する。

第**2**章

なぜランダム化が必要なのか？

2.1 因果推論の問題

　「教育が出産に及ぼす因果効果はどのくらいか」や「学級規模が学習に及ぼす因果効果はどのくらいか」といった因果推論を行うためには、本質的には反実仮想（counterfactual）を考えなければならない。つまり、「プログラムに参加したある人が、もしも参加しなかったらどうなっていたか」や「プログラムに参加しなかったある人が、もしも参加していたらどうなっていたか」を考えることである。反実仮想を考えることの難しさはすぐに分かるだろう。ある個人がある時点ではプログラムを受けていて、別の時点では受けていないとする。同じ個人についてプログラムを受けていた時と受けていなかった時を比較しても、多くの場合、信頼できる方法でプログラムの効果を推定することはできない。なぜなら、プログラムが始まった後に、さまざまな要因が変化してアウトカム[1]に影響を与えてしまう可能性があるからである。したがって、ある特定の個人を対象にプログラムの効果を測定することはできない。しかしながら、プログラムや政策（以降ではこれらを「処置[treatment]」と呼ぶ）[2]を受けたグループと、受けなかった類似のグループを比較することによって、平均的な効果を測定することはできる。

---

1 ）〔訳注〕アウトカムとは施策によって改善することが企図された成果であり、施策実施の目的となる指標である。アウトカムについては解説でも触れているため、合わせて参考にされたい。

2 ）〔訳注〕本書においては、しばしば「介入（intervention）」という単語が登場するが、これも「処置」と同義的に使用されている。

そのためには、比較を行うための対照群が必要となる。対照群とは、処置を受けないグループであり、処置を受けるグループ（処置群）と元来近しいアウトカムを有しているグループである。しかし実際には、処置を受けるグループと受けないグループは異なっている。例えば、プログラムが特定の貧しい地域（もしくは豊かな地域）で行われたり、経済状態や意欲などに基づいて参加者が選別されていたり、プログラムに参加するかどうかの意思決定が自発的であるがゆえに自己選択による差が生まれてしまったりすることがある。女児を学校に行かせるどうかを家族が選択する地域もあれば、別の国ではそれが法律で定められているかもしれない。こうしたさまざまな理由によって、処置を受けていない人たちを対照群と単純にみなすことはできない。グループ間のあらゆる差は、プログラムの効果だけではなく、もともとの違い（選択バイアス［selection bias］）にも影響を受ける。選択バイアスがどの程度なのかが分からなければ、グループ間に見られた差のうちのどれだけが真の処置効果であり、どれだけが選択バイアスによるものかを区別することはできない。

　こうした点を考える上では、Rubin（1974）によって導入された「潜在アウトカム（potential outcome）」の枠組みを用いることが有用である。例えば、教科書が学習に与える効果の測定に関心がある場合を考えてみよう。Y_i^T を教科書を用いて授業を行うある学校 i における子どもの平均的なテストスコアとし、Y_i^C を同じ学校 i で教科書を使わなかった場合の平均的なテストスコアとする。そして Y_i を学校 i において実際に観測された平均的なテストスコアとする。我々の関心は $Y_i^T - Y_i^C$ であり、これが教科書の使用が学習に与えた効果である。上述の通り、同じ学校 i について、教科書を用いた場合の子どもの平均的なテストスコアと、用いない場合のスコアを同時に観測することはできない。つまり、「個別（学校ごと）の」処置効果は推定できないのである。すべての学校について、教科書を用いた場合のテストスコアと、用いなかった場合のテストスコアという、2つの潜在的なテストスコア（これらを「潜在アウトカム」と呼ぶ）が存在するが、我々が観測できるのはそのいずれかでしかない。

　しかしながら、教科書の効果について、母集団における「平均的な」効果

であれば、以下のように推定できるかもしれない。

$$E[Y_i^T - Y_i^C] \qquad (1)$$

　ある地域において多数の学校のデータを利用できて、そのうちいくつかの学校は教科書を使っており、その他の学校は使っていないケースを考えてみよう。その時、教科書の効果を測定する方法のひとつは、両方のグループの平均値の差を比較することである。大標本の下では、以下のような式に収束する。

$$D = E[Y_i^T|教科書あり] - E[Y_i^C|教科書なし]$$
$$= E[Y_i^T|T] - E[Y_i^C|C]$$

$E[Y_i^C|T]$（処置群の学校において教科書がなかった時のテストスコアで、実際にはそれは観測できないが理屈として定義する）を引いて加えると、以下の式が得られる。

$$D = E[Y_i^T|T] - \boldsymbol{E[Y_i^C|T]} - E[Y_i^C|C] + \boldsymbol{E[Y_i^C|T]}$$
$$= E[Y_i^T - Y_i^C|T] + E[Y_i^C|T] - E[Y_i^C|C]$$

　この式の第1項（$E[Y_i^T - Y_i^C|T]$）が我々の知りたい処置効果である（「処置を受けた人の処置効果［treatment on the treated］」と呼ばれる）。我々の例では、「平均的にみると、教科書を導入した学校において、テストスコアがどの程度変わるのか」という疑問に対する解を表すのがこの項である。

　残りの項は選択バイアスである。これは処置群と対照群の間で、処置を受けなかった場合の潜在アウトカムの差である。つまり教科書を導入した学校が、仮に教科書を導入しなかった場合に、対照群との間で生じるテストスコアの差である。例えば、教科書を採用した学校の親が教育熱心で、子どもたちに宿題やテストの準備を促していて、教科書がなくてもテストスコアが高くなるケースなどが該当する。この場合、$E[Y_i^C|T]$ は $E[Y_i^C|C]$ よりも大きくなる。逆にNGO（非政府組織）が政府とは別に貧困地域に教科書を配布した場合は、$E[Y_i^C|T]$ が $E[Y_i^C|C]$ よりも小さくなる。これは、教科書の配布がより広範な政策の一部である場合（例えば、すべての学校に教科書を配

布するだけではなく、黒板も配布する場合）でも成り立つ。つまり、他の政策介入の効果が、教科書の効果である D に含まれてしまうのである。より一般的に言えば、選択バイアス項には、教科書が配布された学校とされなかった学校のあらゆる違いが含まれるのである。

$E[Y_i^c|T]$ は観測できないので、選択バイアスの方向や大きさを測定することは一般的には不可能である。多くの実証研究における本質的な目的は、選択バイアスが存在しない状況を見つけるか、選択バイアスの修正方法を発見することにある。

▌2.2 ランダム化による選択バイアス問題の解決

選択バイアスを完全に取り除く方法のひとつは、個人やグループを処置群と対照群にランダムに割り当てることである。RCT において、N 人からなるサンプルは、分析対象となる母集団から抽出される。ここでの「母集団」とは、全体からランダムに抽出されたサンプルだけを意味する訳ではなく、ある特性に基づいて抽出されたサンプルも含まれる。したがって我々は、抽出された特定のサブ母集団に関する処置効果を推定することになる。この点については後述する。次に、実験サンプルを処置群（N_T）と対照群（N_C）にランダムに割り当てる。

処置群は処置を受ける（処置を受けている状態を T と表す）が、対照群は処置を受けない（処置を受けていない状態を C と表す）。そしてアウトカム Y が観測できれば、処置群と対照群を比較することができる。例えば、100の学校のうち、ランダムに選ばれた50校に教科書が配布され、残りの50校には配布されないとする。この場合、平均処置効果は、2つのグループの平均値の差として推定できる。

$$\widehat{D} = \widehat{E}[Y_i|T] - \widehat{E}[Y_i|C]$$

ここで $\widehat{E}$ はサンプルの平均値を表す。サンプルサイズが大きくなるにつれて、この差は以下の値に近づいていく。

$$D = E[Y_i^T \mid T] - E[Y_i^C \mid C]$$

処置（つまり教科書の配布）はランダムに割り当てられているため、処置群と対照群の平均値の差は、処置を受けたかどうかの違いによるものである。2つのグループが共に処置を受けなければ、それぞれのアウトカムの期待値は同じになるはずである。これは選択バイアス（$E[Y_i^C \mid T] - E[Y_i^C \mid C]$）がゼロになることを意味する。加えて、個人の潜在アウトカムが他の個人が処置を受けたかどうかと無関係ならば（これは、Angrist et al.（1996）が Stable Unit Treatment Value Assumption（SUTVA）と呼んだ仮定である）[3]、以下の式から処置 T の効果が得られる。

$$E[Y_i \mid T] - E[Y_i \mid C] = E[Y_i^T - Y_i^C \mid T] = E[Y_i^T - Y_i^C]$$

回帰分析によって $\widehat{D}$ を得るには、

$$Y_i = \alpha + \beta T + \epsilon_i \tag{2}$$

を推定すればよい。ここで T は処置群を表すダミー変数である。(2)式は最小二乗法（ordinary least squares: OLS）によって推定でき、$\widehat{\beta}_{OLS} = \widehat{E}(Y_i \mid T) - \widehat{E}(Y_i \mid C)$ となる[4]。

つまり、RCT が正しく設計され、かつ正しく実施された時、分析対象サンプルのなかではプログラム効果の推定量にバイアスはかかっておらず、すなわち推定結果は内的妥当性を有するのである[5]。もちろん途上国においてRCT を行う場合、さまざまな理由からこうした単純な仮定が成り立たない

3）〔原注〕これは、ある個人に対する処置が他の人のアウトカムに影響しないという仮定であり、外部性の可能性を除外するものである。この仮定については6.3節で議論する。

4）〔原注〕(2)式を推定するためには、処置効果が一定であることを仮定しなければならないわけではない。推定値は平均処置効果を表しているだけである。

5）〔訳注〕「内的妥当性を有する」とは、同様の処置を同様の集団に対して実施した場合、同様の結果が得られる可能性が高いことを意味する。一方で、「外的妥当性を有する」とは、同様の処置を異なる集団に対して実施した場合でも、同様の結果が得られる可能性が高いことを言う。

ことも多い。本書では、そうした不備を最小化するためにどのように RCT を行うべきか、そして単純な仮定が成り立たない場合などに、評価結果を正しく分析し解釈する方法について述べる。

しかしその前に、(1)式の意味を理解しておくことが重要である。(1)式の推定値は、テストスコアといったアウトカムに対する、プログラムの効果全体を表している。そのため、「その他の要因が変わらないと仮定した場合」のプログラムの効果とは異なるかもしれない。

この点を確認するために、アウトカム Y の生産関数が $Y = f(I)$ で表されるとする。I は投入要素のベクトルであり、政策によって直接的に変化する要素と、家計や企業の反応によって変化する要素だと仮定する。この関係式は構造的なものを表しており、政策変化によって影響を受ける個人や組織の行動の如何を問わず成り立つものである。インプット I のある要素が学業成績に与える効果は「構造パラメータ（structural parameter）」と呼ばれる。I の要素のひとつとして t があり、それが変化する場合を考えてみる。我々が関心のある推定値のひとつは、その他の説明変数が一定である時に t が Y にどういった影響を与えるか、言い換えれば t についての Y の偏微分である。関心のあるもうひとつの推定値は、t についての Y の全微分であり、そこには t が変化したことによって他のインプットが変化したことによる効果も含まれる。一般に、他のインプットが t と補完的な関係もしくは代替的な関係にある時、t の外生的な変化は他のインプット j も変化させる。例えば、教育プログラムに加えて親が家庭教育を増加させる場合（補完的な関係）や、逆に、教育プログラムを家庭教育の代替とみなして家庭教育を減少させるケース（代替的な関係）などが考えられる。例えば Das et al.（2004）などは、家計の教育支出と政府の学校に対する補助金は代替的であるとしている。つまり、政府が学校への補助金支出を増加させると、家計は逆に自らの教育支出を減少させるのである。

一般に、偏微分と全微分は大きく異なっている可能性があり、政策立案者にとっては両方が関心事項かもしれない。全微分は、政策が行われた結果、それを織り込んで各主体が自らの行動を変化させた（再最適化）後の効果も含まれている。つまり全微分は、政策の実質的な効果を表している。しかし

全微分は、社会全体の厚生効果の指標にはならない可能性もある。例えば、生徒に対して教科書を配布したことによって、親が教育とは関係のない支出を増やし家庭での教科書の購入量を減らすかもしれない。テストスコア等のアウトカムの全微分は、こうした再最適化の便益（教育とは関係ない支出からもたらされる満足度の上昇）を捉えることはできない。一方で偏微分は、いくつかの仮定の下で政策の厚生効果を測る適切な指標になり得る。

　RCT の結果は（そして適切な手法を用いたその他のプログラム評価の結果も）、処置効果に関する誘導形（reduced form）[6]であり全微分である。偏微分を得るためには、インプットとアウトカムの関係性をモデル化し、中間的なインプットに関するデータを収集することが必要となる。つまり、政策の厚生効果を推定するためには、RCT と経済理論を組み合わせなければならない。この点については 8 章で再び議論したい。

2.3 選択バイアスを補正するその他の方法

　ランダム化以外にも、選択バイアスを補正する方法はある。こうした方法の目的は、識別の仮定（identifying assumption）[7]の下で妥当と考えられる対照群を作りだすことである。識別の仮定が成立しているかどうかを直接的に検証することはできないため、分析の妥当性は、仮定が成立していることを説得的に示せるかどうかにかかっている。そうした手法について詳細に解説することは本書の目的ではないが[8]、RCT との関連において簡潔に紹介す

6）〔訳注〕誘導形とは、内生変数を外生変数のみで表す関数に変形したものである。誘導形が分かれば、外生変数が変化した場合に内生変数にどういった影響があるのかを捉えることができる。その一方で誘導形だけでは、どういった経路で外生変数が内生変数に影響を与えたのかは分からない。上述の例でいえば、教科書の配付（外生変数）がテストスコア（内生変数）に及ぼす影響は誘導形を用いて推定できるが、教科書の配布がどういった経路で（例えば自習時間の増加等を通じて）テストスコアに影響を与えているのかは分からない。後者は構造形（structural form）と呼ばれる。

7）〔訳注〕プログラムの効果を明らかにするために必要な仮定のこと。RCT の場合、サンプルを処置群と対照群にランダムに割り当てることによって、識別の仮定を満たすことができる。RCT 以外の方法の場合、識別の仮定が満たされているかどうかを都度確認していく必要がある。

る[9]。

2.3.1 観測可能な変数を用いた選択バイアスの制御

1つ目の可能性は、観測可能な変数集合 X で条件付けることで、処置が
ランダムに割り当てられたと考えることができる場合である。つまり、以下
のようなベクトル X が存在するケースである。

$$E[Y_i^c|X, T] - E[Y_i^c|X, C] = 0 \qquad (3)$$

観測可能な変数 X で条件付けることによって、処置の状態がランダムに
割り当てられる場合、上記の条件が成り立つ。言い換えると、処置群になる
か対照群になるかはランダムに割り当てられてはいないが、X によって定
義されるそれぞれの層のなかでは割当がランダムに行われる場合である。こ
の場合、X で条件付ければ選択バイアスは消えてしまう。6.1節では、そう
した状況での分析方法について議論する。しかしながら多くのケースでは、
すべての層のなかでランダム化が行われているとは言い切れないため、観測
可能な変数を適切に制御することで、選択バイアスが十分に除去されている
と「仮定」するしかない。

変数集合 X を制御する方法は他にもある。第一の方法は、X の次元があ
まり大きくない（変数が少ない）場合に適用できるものである。具体的には、
X の水準に応じて複数のグループを作り、そのグループ内で処置群と対照
群のアウトカムの差を計算することである。処置効果は、各グループにおけ
る効果（アウトカムの差分）の加重平均をとったものとなる（この手法を軍事
サービスに適用した研究として Angrist［1998］がある）。この方法（完全にノン
パラメトリック[10]なマッチング）は、X の次元が大きい（変数が多い）場合や
X に連続変数が含まれる場合には実用的ではない。そうした場合は、第二

8）〔原注〕これらのテーマについては、Angrist and Imbens（1994）や Card（1999）、
Imbens（2004）、Todd（2008）、Ravallion（2008）などで大きく扱われている。

9）〔原注〕RCT における操作変数法の活用については6.2節で扱っており、そこで議論
されている一般原則はランダムに割り当てられることのない操作変数の活用にあてはま
るため、この章では操作変数法については議論しない。

の方法である傾向スコア（propensity score、変数 X で条件付けた時に処置が割り当てられる確率）に基づくマッチングが用いられる[11)12)]。第三の方法は、パラメトリックかノンパラメトリックかを問わず、回帰分析の枠組みで X を制御することである。参考文献において説明されているように、マッチングと回帰分析は、異なる仮定に基づいて、やや異なるパラメータを推定している。しかしこれらの分析は共に、X で条件付けることによって処置群と対照群の潜在アウトカムの差が消失すると仮定しており、その仮定が成り立つ場合のみ妥当な推定値が得られる方法である。この仮定が成り立つためには、処置群と対照群の潜在アウトカムの違いを説明するすべての要素が変数集合 X に含まれていなければならない。この仮定は統計的に検定することはできないため、仮定の妥当性をケースごとにその都度評価しなければならない。多くの場合、データセットに含まれている変数のみが制御変数として用いられるため、柔軟な関数形を仮定したとしても選択バイアスを除去しきることはできない。

2.3.2　回帰不連続デザイン

　処置群に割り当てられる確率が、ひとつもしくは少数の変数の不連続関数で表される場合は非常に面白い特殊ケースであり、回帰不連続デザイン（regression discontinuity design）という方法を用いることができる。例えば、マイクロクレジットの融資条件が 1 エーカー未満の土地しか持たない世帯の女性に限定されている場合や、得点率が50％以上でないと試験に合格できない場合、1 クラスの生徒の人数が25名以内に制限されている場合などがあてはまる。もしも、アウトカムに対する観測できない変数の影響が滑らか（ア

---

10)〔訳注〕関数形や分布を仮定するものをパラメトリック分析と呼び、それらを仮定しないものをノンパラメトリック分析と呼ぶ。ノンパラメトリック分析は、変数間の関係を柔軟にとらえられるという利点があるが、計算負荷が大きくなるといった弱点もある。

11)〔原注〕(3)式の仮定の下、傾向スコアを制御変数として用いることによって、処置効果をバイアスなく推定できることは Rosenbaum and Rubin（1983）で示されている。マッチングに関する議論は Todd（2008）と Ravallion（2008）も参考になる。

12)〔訳注〕ただし近年では、マッチングに傾向スコアを使うべきではないことが指摘されるようになってきている。King and Nielsen（2019）参照。

ウトカムが急に変化したりしない）であるならば、小さな ϵ について、以下の仮定が成り立つ。

$$E[Y_i^c|T, X < \bar{X} + \epsilon, X > \bar{X} - \epsilon] = E[Y_i^c|C, X < \bar{X} + \epsilon, X > \bar{X} - \epsilon]$$

(4)

　ここで X は処置への割当を決定する変数であり、$\bar{X}$ は割当の閾値である（例えば、閾値を超える者のみに処置が割り当てられるなど）。この仮定は、$\bar{X}$ の周辺の ϵ の範囲において選択バイアスがなくなることを意味しており、回帰不連続デザイン推定の基礎となる。これは、閾値のすぐ下にいるグループを対照群として用いることで、閾値のすぐ上にいる処置群に対する処置効果を推定する考え方である。

　回帰不連続デザインは、先進国でプログラム評価を行っている研究者がよく使う方法であり、処置への割当がルール通りに行われているのであれば、選択バイアスを取り除ける方法だとされている。開発経済学者はこの方法をあまり用いていないが、その理由は途上国において2つの障害があるからだと考えられる。第一に、割当ルールが常に厳格に行われているとは限らないからである。例えば Morduch（1998）は、グラミン銀行の顧客の評価において、Pitt and Khandker（1998）が回帰不連続デザインを暗黙的に用いていることを批判している。1エーカー以上の土地を有する家計には融資をしないというルールがあるにも関わらず、実際には融資が裁量的に行われていることを Morduch は示している[13]。回帰不連続デザインを用いて処置効果を推定するためには、保有している土地が1エーカー以上かどうかで処置群に割り当てられる確率が不連続になっていなければならないが、実際にはそうなっていないのである。途上国において回帰不連続デザインを用いることの第二の難しさは、処置群への割当確率を決定する変数が、プログラムの実施主体である政府によって操作されてしまうかもしれないからである。その場合、ある主体が閾値の上にいるのか下にいるのかが内生的に決定されることになる。この場合、閾値の両側にいる個人が潜在的に同じアウトカムを有すると

---

13)〔訳注〕原著では「1エーカー（one acre）」と記載されているが、Morduch（1998）や Pitt and Khandker（1998）の論文では「0.5エーカー（half an acre）」である。

いう(4)式の仮定が成り立たなくなってしまう。

2.3.3 差の差推定と固定効果推定

　差の差（difference-in-difference）推定は、処置前後のデータがある場合に、処置が行われる前の処置群と対照群のアウトカムの差を用いて、両グループの特性の違いをコントロールする方法である。Y_1^T（Y_1^c）を期間1（処置が行われた後）における処置群（対照群）の潜在アウトカム、Y_0^T（Y_0^c）を期間0（処置が行われる前）の処置群（対照群）の潜在アウトカムとする。各個人はグループTもしくはグループCのいずれかに属する。グループTは期間1には処置を受け、期間0には処置を受けない。グループCはいずれの期間でも処置を受けない。

　差の差推定量は

$$\widehat{DD} = [\widehat{E}[Y_1^T \mid T] - \widehat{E}[Y_0^c \mid T]] - [\widehat{E}[Y_1^c \mid C] - \widehat{E}[Y_0^c \mid C]]$$

となり、$[\widehat{E}[Y_1^c \mid T] - \widehat{E}[Y_0^c \mid T]] = [\widehat{E}[Y_1^c \mid C] - \widehat{E}[Y_0^c \mid C]]$ という仮定の下で、つまり処置がなければ2つのグループの潜在アウトカムが同じトレンドで平行推移していたという仮定の下で、処置効果の不偏推定量となる。

　固定効果（fixed effects）推定は、2期間以上にわたるデータを用いて分析する場合や処置が複数の場合に、差の差推定を一般化する方法である。固定効果推定値は、年次ダミーとグループダミーを制御した上で、アウトカムを制御変数に回帰することで得られる。差の差推定値と固定効果推定値は、共に応用研究でとてもよく使われる方法である。これらの手法が有効であるかどうかは、処置がなかった場合に処置群と対照群のアウトカムが平行に推移すると仮定できるかどうかにかかっている。とりわけ、処置が行われる前の段階で処置群と対照群のアウトカムに大きな差がある場合、アウトカムが時間を通じてどのように変化するかを決定する関数形の選択が、推定結果に大きな影響を与えることに注意が必要である。

2.4 実験的手法と非実験的手法の比較

　プログラム効果の推定において、RCTの特性を活かした研究がますます増えてきている。実験的手法と非実験的手法の双方を用いてプログラム効果を推定し、さらに非実験的手法がどういったケースでバイアスを持ち得るかが検証されている[19]。La Londe（1986）は、プログラム評価に用いられる計量経済的手法や対照群との比較分析はプログラムの効果を正確に推定できておらず、そういった計量経済的な推定結果は実験結果としばしば大きな差が生じていることを明らかにした。その後行われた多くの研究では、傾向スコアマッチングに焦点を当てつつ、同様の分析を行っている（Heckman, Ichimura, and Todd 1997; Heckman et al. 1998; Heckman, Ichimura, and Todd 1998; Dehejia and Wahba 1999; Smith and Todd 2005）。これらの研究の結果はさまざまであり、非実験的手法によって実験的手法の結果を再現できた研究もあれば、そうではない結果が得られた研究もある。Glazerman, Levy, and Myers（2003）によるより包括的なレビューでは、アメリカの福祉、職業訓練、雇用に関するプログラムを対象とした研究における実験的手法と非実験的手法の結果を比較している。12の研究を整理した結果、後ろ向きの推定はRCTとは結果が大きく異なり、またバイアスも大きいことが多いことを明らかにした。しかしながら、バイアスを常に取り除くための方法を見つけ出すことはできなかった。

　Cook, Shadish, and Wong（2006）はRCTと非RCTを行っている研究（大部分は教育分野に関するもの）を比較し、より詳細な結論にたどり着いている。彼らは、非実験的手法として回帰不連続デザインや分割時系列デザイン（interrupted time series design、長期時系列データを用いた回帰不連続デザイン）を用いた場合、実験的手法に近い分析結果が得られるが、観測可能な要因を制御するのにマッチング等の手法を用いた場合は、実験的手法に近い結果は得られないことを見出している。彼らは、よくデザインされた準実験的手法（特に回帰不連続デザイン）を用いれば、RCTと同程度の質の高い結果を得る

19）〔訳注〕「実験的手法」はRCTを、「非実験的手法」は後ろ向き評価を意味する。

ことができるが、分析デザインの欠点を統計的手法によって補正することは
できないと結論付けている。彼らの発見はとても興味深いが、準実験的手法
を用いて分析するためには閾値ルールが厳格に適用されていること等が求め
られるため、発展途上国では RCT ほど実用的な方法ではない。

　システマティック・レビュー[20]によって途上国における類似研究を整理
しているものはないものの、比較研究は数多く行われている。これらのなか
には、欠落変数によるバイアスの深刻さを指摘している研究もあれば、ある
特定の状況では非実験的手法によって優れた推定結果が得られるとする研究
もある。Buddlemeeyer and Skofias（2003）と Diaz and Handa（2006）は、
1990年代にメキシコで行われた RCT に基づく貧困緩和プログラムである
「プログレサ（PROGRESA）[21]」に着目した研究を実施した。Buddlemeeyer
and Skofias（2003）は、RCT の結果をベンチマークとすることで、回帰不
連続デザインによる分析結果の正確性を検証している。その結果、回帰不連
続デザインのパフォーマンスは良好であり、政策の不連続性が担保される場
合は有用であるとしている。Diaz and Handa（2006）は、プログレサのデー
タを用いて、実験的手法と傾向スコアマッチングの結果を比較している。同
研究は、多くの制御変数が利用可能な場合は、傾向スコアマッチングのパフ
ォーマンスが良好であることを示している。

　対照的に、ケニアにおける複数の研究では、RCT と後ろ向き評価は、同
一のサンプルデータを用いても結果が大きく異なりうることから、欠落変数
バイアスが深刻な問題を引き起こしている可能性が指摘されている。Glew-
we et al.（2004）は、ケニア西部の小学校において教育用のフリップチャー
ト（解説用の図表）をランダムに配布した NGO のプログラムについて研究
している。彼らの分析によると、後ろ向きの推定では、フリップチャートが

20）〔訳注〕複数の研究結果を、システマティック（系統的）に整理・統合したもの。ど
　ういった基準に基づいて既存研究を収集するか、研究の質や妥当性をどう評価するか、
　それらをどのように統合するかの基準を、包括的かつ厳格に行うため、整理・統合プロ
　セスにおける恣意性が入りにくい点が特徴。システマティック・レビューについては解
　説でも触れているため、合わせて参考にされたい。

21）〔訳注〕現在は Oportunidades と呼ばれている。このプログラムについては Todd
　（2006）、Parker, Rubalcava, and Teruel（2008）等でも言及されている。

第2章　なぜランダム化が必要なのか？　　*17*

生徒のテストスコアに及ぼす影響が過大評価されていることが示唆されている。彼らは、差の差推定を用いれば過大評価を抑えることはできるものの、バイアスを完全に取り除くことはできないとしている。

Miguel and Kremer（2003）や Duflo, Kremer, and Robinson（2006）は、それぞれ虫下し薬と肥料のピア効果[22]について、実験的手法と非実験的手法の比較を行っている。両研究では、個々人の意思決定が身近な人たちの意思決定と相関関係にあることが明らかになっているが、Manski（1993）が主張しているように、こうした相関関係はピア効果以外の他の多くの要因、とりわけ個々人が同じ環境下にいることに起因している可能性がある。こうしたケースでは、RCT を用いれば、虫下し薬や肥料のピア効果を明らかにすることができる。つまり、虫下し薬や肥料がランダムに割り当てられたコミュニティにおいて、他の人たちが虫下し薬や肥料を使うようになっているかを検証すれば、ピア効果があるかどうかを検証することができる（ピア効果の分析方法の詳細は6.3節で述べる）。両研究から得られた結果は、非実験的手法を用いた場合に得られたものとは著しく異なっている。実験的手法を用いることで、Duflo, Kremer, and Robinson（2006）はピア効果がないとしており、一方で Miguel and Kremer（2003）は負のピア効果があるとしている。加えて、Miguel and Kremer（2003）は非実験的なデータを用いて、ピア効果を検証した既存文献のなかで提示されてきたさまざまな特定化を検証した結果、ピア効果はプラスであるという結論を支持しているが、こうした方法を用いても特定化バイアスを除去するには不十分かもしれないとしている。

後ろ向き推定によるバイアスの有無や大きさを検証し、どの分析手法が信頼できるのかを明らかにする上で、こうした比較研究を行っていくことはとても有意義である。しかしながら、以下で議論するように、異なる手法を正しく比較するために、こうした比較研究は慎重に行われなければならない。仮に、実験的手法に基づく結果を知った上で非実験的研究が行われているのであれば、両者の結果を一致させるために、実験的手法の結果にあるような分析結果が選ばれやすい可能性がある。こうした問題に対処するためには、

22）〔訳注〕クラスメートや同僚などが、互いの行動や生産性等に影響を与え合う効果のこと。

RCT の結果が公表される前に後ろ向き推定を行うか、RCT の結果や他に実施された後ろ向き評価の結果を知らない状態で、後ろ向き評価を行うべきである。

2.5 出版バイアス

2.5.1 非実験的研究における出版バイアス

非実験的研究結果におけるバイアスがもたらす不確実性は、「出版バイアス（publication bias）」によってさらに悪化してしまう。出版バイアスとは、編集者や査読者、研究者、もしくは政策立案者が、統計的に有意な結果や特定の視点と整合的な結果を好む場合に生じる問題である。既に見てきた通り、多くの場合、研究者は実証モデルの特定化について多くの潜在的な選択肢があるが、これらのモデルの多くは未解決の欠落変数バイアスによる影響を受けているかもしれない。

真の処置効果はゼロだが、非実験的手法によって推定される処置効果は「真の処置効果＋欠落変数バイアス」となり、それが平均値ゼロの正規分布に従うケースを考えてみよう。残念なことに公刊論文に示されている結果は、妥当な特定化に基づくものではないかもしれず、その場合処置効果の推定値はゼロに近づくが、代わりに系統的なバイアスが含まれたものであるかもしれない。

どういった研究であっても、適切な分析手法や制御変数、操作変数について、数多くの選択に迫られる。また、さまざまな代替手法を指摘されることも多い。研究者は統計的に有意な結果を得るために自らの時間と労力を投入しており、分析結果を得てそれで終わりとはならない。

研究者のなかには、統計的に有意な結果を生み出すために、多様な特定化候補のなかから都合の良いものを選び出す人もいるかもしれない。有意な結果を意図的に選択していない研究者でさえ、気づかないうちにそうしてしまっている場合もあるかもしれない。適切な特定化がいくつかあり得るような後ろ向き研究を行うケースで、しかし分析を始める前にはすべての特定化を把握していないケースを考えてみたい。その時、研究者はある特定化を考え

て、一連の回帰分析を実施する。その結果が統計的に有意であり、研究者が期待していた通りの結論が得られた場合、おそらくはその特定化が適切だったと確信してしまい、代替的な特定化の検討にそれ以上の時間を費やそうとはしないだろう。しかし、もしも回帰分析の結果が統計的有意でなかったり、研究者が期待していた結果と異なっていたりした場合、その他の特定化の検討に時間を費やすことになるだろう。この種の特定化の探索[23]は、公刊論文においてあまりに多くの偽陽性[24]を生み出してしまうことに加え、常識的な見解を棄却しづらくしてしまう。

こうしたバイアスを研究者が生み出していなかったとしても、論文を掲載するジャーナルが有意な結果を選別している場合は、異なるレベルの出版バイアスが生じることになる。その上、極端な結果が引用されたり、特定の政策議論を支持するような結果が引用されやすい場合、出版バイアスに引用バイアス（citation bias）が混ざりやすくなる。こうしたプロセスの積み重ねによって、プログラムの効果がない場合であっても、強いプラスまたはマイナスの推定結果が公刊されたり広く引用されたりしやすくなる。

利用可能なエビデンスが増えているということは、経済学の文献において出版バイアスが深刻な問題になっていることを示唆している。DeLong and Lang（1992）は、本来は棄却されるべき帰無仮説が、実際は棄却されない割合を調べる検定方法を考案した。その際彼らは、帰無仮説の下で検定統計量の分布が既知であることに気がついた。これは言い換えると、限界的な有意水準によって累積分布が与えられていることを意味する。例えばあらゆる検定統計量は、5％の有意水準の下で臨界値を下回る確率が5％ある。これを基にDeLongとLangは、事前に特定化した帰無仮説が真である確率と実際の分析結果が、整合的であるかどうかを分析している。彼らは、主要な経済学ジャーナルで公刊された論文のデータを用いてこの方法で分析した結果、論文の分析結果では棄却されなかった帰無仮説のうち、1/3以上の帰無仮説を実際には棄却できることを明らかにしている。

23）〔訳注〕「特定化の探索（specification searching）」とは、著者にとって都合の良い結果を得られるモデルを探索する行為を指す。

24）〔訳注〕本当は正しくないが、誤って正しいと判断された結果のこと。

統計学者は、統計的推論が出版バイアスに影響されやすいかどうかを検証するために、メタ分析という枠組みを構築している。Hedges（1992）は、低い p 値が観測されやすくなっているかどうかを検定することで、出版バイアスを検出するモデルを提案している。Ashenfelter, Harmon, and Oosterbeek（1999）は、Hedges の分析方法を教育の収益率に関する研究に当てはめ、操作変数法（instrumental variables: IV）に基づく推定では出版バイアスが存在している確かな証拠を示している。これは、操作変数法により推定された教育の収益率の推定値の方が OLS よりも大きいとされる結果が、単なる人為的な出版バイアスに起因するものである可能性を示唆している。同様に、Card and Krueger（1995）は、時系列データを用いた最低賃金の研究において出版バイアスが存在することを明らかにしており、有意な結果が過大に報告されていることを指摘している。

2.5.2 ランダム化と出版バイアス

出版バイアスに関する問題は、RCT を行うことによって完全ではないものの、部分的には対処可能である。第一に、RCT が正しく行われれば、例えそれがどのようなものであっても、その結果が介入の効果を表すものであることに異論の余地はなく、サンプリング誤差の範囲で統計的に検定可能である。つまり、得られた結果が予期せぬものであっても、特定化の間違いだとは考えられず、分析結果がお蔵入りすることはない。先に述べた Miguel and Kremer（2003）による虫下し薬のネットワーク効果とピア効果の推定は、この点に関して興味深い事例である。分析を行う前の段階では、処置群の学校に通う生徒とのつながりが深い子どもほど薬の効果を理解しやすく、プログラムが進むにつれて虫下し薬を利用するようになると、研究者は予測していただろう。しかしながら、実験結果は全く逆の効果を示したのである。こうした事前の予想に反する結果が後ろ向き研究によって得られたのであれば、多くの研究者はデータや特定化に問題があったと考え、異なる特定化を探索していたであろう。Miguel and Kremer（2003）の研究が実験的手法を用いた分析であったため、負のピア効果という結論に疑問が呈されることがなかったのである。

第2章　なぜランダム化が必要なのか？　21

　第二に、RCT では、処置群と対照群の割り当てが、それによって結果に
どういった影響を与えるかを研究者が認識する前に行われるため、事後的な
裁量の余地が限られている。RCT を用いたとしても、制御変数の選択やサ
ブグループの選択、アウトカムの選択などの裁量は残されているため、事後
的に都合の良い結果を選んでしまう可能性がある。しかしながら、恣意的に
大きくなり得る欠落変数バイアスとは異なり、こうした事後的な裁量は事前
の評価設計によって制限される。

　それでもなお、効果が確認された特定のアウトカムや地域、サブグループ
を都合良く選んでしまえば、RCT であっても出版バイアスは生じる。そ
のためアメリカ食品医薬品局（Food and Drug Administration: FDA）は、医学
実験におけるサブグループ分析を、医薬品の有用性を示す妥当なエビデンス
とはみなしていない。以下では、こうした点に対処する方策を議論する。

　第三に、RCT では、たとえ統計的に有意でなくても通常は結果が記録さ
れるため、分析結果がお蔵入りしてしまう問題や出版バイアス問題の一部を
克服することができる。結果が出版されなかったとしても、分析結果は共有
され、システマティック・レビューではしばしば議論の対象となる。なぜな
ら、研究者はかなり後になってから結果が有意であったかを確認することも
あるだろうし、何年もかけて得た分析結果を簡単に廃棄することはしないと
考えられるからである。加えて、RCT の資金提供者は、結果の如何に関わ
らず、支出した資金がどのように使われたかの報告を求めるものである。

　とはいえ、RCT におけるポジティブな結果だけでなく、ネガティブな結
果についても公開するような体系を整備しておくことは重要だろう。そうし
たシステムは医学実験では適切に実装されており、社会政策プログラムの評
価においても同様のシステムを構築すれば、出版バイアスの問題を緩和する
のに役立つだろう。そのようなシステムを維持するひとつの方法としては、
研究資金提供機関が研究者にすべての評価結果の提出を求め、それらを集約
したデータベースを構築することである。また、事後的な特定化探索の問題
を回避するためには、データベースにはアウトカムや考えられるサブグルー
プ等も含めて事前に登録する形式にして、研究者はそれに沿って分析結果を
報告すべきである。当初の計画で示した分析結果以外を報告することは可能

だが、それらは当初の計画に基づく分析結果とは明確に区別されるべきである。こうした情報は、意思決定理論の観点からみても有用である（個別には統計的に有意でなくても、メタ推定では有意な結果が得られる場合がある）し、政策立案者などが特定の政策の有効性に関する実験的な知見を参照することにも活用できる。

第 **3** 章

調査設計における
ランダム化比較試験の導入

　本章以降では、実際に RCT を導入する方法について議論する。この章では、発展途上国でフィールド実験を行う際にランダム化を行う方法について説明する。ランダム化が研究に用いられる例としては、研究所内や厳しい管理下で実施される治験がもっとも多いだろう。発展途上国では、治験と同様のランダム化を用いた実験例がある一方で[1]、こうした研究の大部分はいくつかの重要な点で治験とは異なっている。一般的にこれらの研究は、プログラムを実際に実行するパートナー（政府、NGO、民間企業）と共に実施されており、彼らの関心は、プログラムが機能するかどうかやプログラムを改善する方法を見つけだすことにある。ランダム化は、プログラムのさまざまな類型がテストされるパイロットプロジェクトの段階で行われる場合もある[2]。また、プログラムが本格的に実施されている段階においても、プログラム実施への悪影響を最小限に抑えながらランダム化を行うことができる場合もあり、そうすることで進行中のプログラムを評価することも可能となる。

　以下の3.1節では、プログラム評価のためのパートナーについて議論する。3.2節では、ランダム化をパイロットプロジェクトの段階で導入する方法について説明する。また、単にプログラムの効果を推定するということを超え

1）〔原注〕もっとも良い例としては、おそらく「仕事と鉄分補給実験（Work and Iron Supplementation Experiment）」が挙げられるだろう（Thomas et al. 2003）。この実験では、対象の家計は鉄分補給を与えられるグループと偽薬を与えられるグループにランダムに分けられ、割り当てられた処置が一年間厳しく実施された。

2）〔訳注〕プログラムの初期段階において RCT を実装することで、どの類型のプログラムがもっとも機能するのかを見極め、効果が高いプログラムのみを将来的に拡大することが可能となる。

て、特定の経済学的仮説を検証するために、どのようにパイロットプロジェクトを活用できるか議論する。3.3節では、パイロットプロジェクト以外でランダム化の考え方を導入する場合の方法について説明する。

3.1 パートナー

　経済学者が個人でできるような研究所内での実験とは異なり、現実世界のプログラムにランダム化を導入するには、ほとんどの場合、プログラムの実施を実際に担当するパートナーとの協力が必要である。

　この時、まず政府がパートナーとなり得る。政府のプログラムは、当該政府が管轄する地域全体を対象に設計されるが、まずは小規模なパイロットプログラムとして実施され、その後プログラムが地域全体に拡大されることがある。パイロットプログラムは範囲が限定されることから、ランダム化によって評価できる場合がある。アメリカにおける初期の有名な社会実験の一部（例えば「職業訓練パートナーシップ法［Job Partnership Training Act］」や「負の所得税［Negative Income Tax］」）は、この方法を用いて実施されている。

　発展途上国にも、政府が実施主体となった RCT の例がいくつか存在する。「プログレサ」は、政府によって実施された RCT のおそらくもっとも有名な事例だろう。プログレサは女性に対して現金を給付するプログラムであり、子どもの学校への出席や病気の予防に向けた健康対策（栄養サプリメント、健康ケア訪問、健康教育プログラムへの参加など）を行う条件の下で、現金が与えられる。1998年にこのプログラムが打ち出された際、メキシコ政府は予算制約上、プログラムの対象となる5万ものコミュニティに対して一度にプログレサを提供することはできないという状況に迫られた。そこで、政府はこの事実を逆手に取り、506のコミュニティをランダム化の対象としたパイロットプログラムから開始した。このうちランダムに選ばれた半数のコミュニティでプログレサは提供され、残りの半数についても事前調査と追跡調査が行われ、データが集められた。

　プログラムの評価は、国際食糧政策研究所（IFPRI）を通して学者に任せられた。多くの研究者に対してデータが提供され、これまでプログラムの効

果に関する多くの論文が書かれてきた（そのほとんどが IFPRI の Web サイトからアクセス可能である）。その結果、プログレサは、健康状態や教育水準の改善に効果があることが示された（特に Gertler and Boyce［2001］や Schultz（2004）を参照）。

プログレサのパイロットプログラムには、注目すべきデモンストレーション効果が見られた。プログレサは政権交代があったにも関わらずメキシコ国内で継続・拡大し、他の多くのラテンアメリカ諸国にまで浸透していった。そして、これらの派生したプログラムには、パイロットプログラムの段階でランダム化の考え方が頻繁に用いられている。例えば、ホンジュラスでの家族手当プログラム（PRAF）（IFPRI 2000）、ニカラグアでの条件付き現金給付プログラム（Maluccio and Flores 2005）エクアドルでの条件付き現金給付プログラム（Schady and Araujo 2006）、ブラジルでの食料給付プログラム（Bolsa Alimentacao）などが挙げられる。

政府によって計画や支援されたこのようなパイロットプログラムは、以前に比べ発展途上国で増加してきている。例えば、カンボジアで実施された政府によるパイロットプログラムでは（Bloom et al. 2006）、官民パートナーシップ（PPP）がヘルスケアの質に与える影響について、地区単位のランダム化によって評価された。また、政府と研究者が密接に連携してパイロットプログラムの設計を行った事例もある。Olken（2005）は、インドネシアの地方の開発プロジェクトにおける汚職を抑制するさまざまな方法について、世界銀行や政府と連携して実験を設計し、多くの村でその効果を検証した。インドのラジャスタンでは、警察と研究者が連携しながら9つの地区からランダムに抽出された警察署で実験を行い、警察の汚職の抑制やパフォーマンスの改善を図るための改革の効果を検証している。

とはいえ、政府と連携して RCT が実施された例はまだまだ少ない。連携には高い政治レベルでの協力が求められ、実験を成功させるために必要な合意を得ることは、多くの場合困難である。開発の分野における近年の RCT の広がりは、NGO と連携するケースが増加したことによるところが大きい。政府と異なり、NGO はすべての人々にサービスを提供することは期待されていないことから、小さな NGO でも途上国の家庭や学校、診療所の予算に

実質的な影響を与えることができる。開発に主眼を置く NGO は目新しく革新的なプロジェクトを常に探しており、研究者と連携して新規プログラムを検証することや、現行プログラムの運営方法を評価することを望んでいる。近年、数多くの RCT がそういった NGO と共に実施されており、多くの場合、研究機関や財団が評価をサポートしている。本書でも、研究者が NGO と連携して行った研究の事例について多く取り上げている。

　また、民間企業も RCT に関心を持ち始めている。多くの場合、民間企業の目的は、顧客に対してより良いサービスを提供し利益を増やすために、どのように事業を行うべきかを知ることにある。例えば、Karlan and Zinman (2005, 2007, 2010) や Bertrand et al.（2005）は、南アフリカで民間の消費者金融と連携している。これ以外にも多くのマイクロファイナンス機関が研究者と連携し、自社商品の特徴がどれだけの効果を持つかといった検証や、顧客により良いサービスを提供するための商品の設計を行っている[3]。

　NGO や政府、民間企業などのパートナーと連携するメリットは、それぞれどこにあるだろうか。既に述べたように、NGO においては、プログラムの評価面で協力を得たいという意欲が高まっている。そのため、パートナーとして考えられる唯一の選択肢が NGO となる場合がしばしばある。政府と連携できる場合は多くないが、もし連携可能な場合は多くのメリットが得られる。まず、地理的に広大な範囲で実験を行うことができる。第二に、実験によって得られた結果が将来的に政策の一部として組み込まれる可能性が高い。第三に、その結果が特定の（かつ再現不可能な）集団の行動様式に依存する恐れが少なくなる。一方で、NGO や民間企業と連携した場合は、研究設計が実施されるところまで研究者が監督できるため、遥かに柔軟な条件の下で実験することが可能になるというメリットがある。NGO との連携が増加したことによる恩恵のひとつは、特にパイロット段階において、研究の可能性が広がったことにある。すなわち NGO との連携により、幅広い問いに対する検証や、革新的なプログラムの実施が可能となった他、プログラムの設計にあたって研究者の知見をより多く活用することが可能になったのであ

3）〔原注〕インドの Centre for Micro Finance による研究には多くのこうした例があるため、そちらも参照されたい。

る。

3.2 パイロットプロジェクト：
プログラム評価からフィールド実験へ

　ランダム化を導入する自然なタイミングは、プログラムが拡大される前、つまりパイロット段階である。パイロット段階でのランダム化の導入は、プログラムを実施するパートナーにとってその効果を正確に検証し、プログラムの設計を改善する好機にもなりうる。

　初期の RCT の多くは（アメリカと発展途上国で行われた実験いずれについても）、特定のプログラムの有効性をシンプルに検証することを目的としていた。例えば、プログレサのパイロットプログラムは処置群となる村で導入され、対照群となる村では導入されなかった。その評価結果から分かることは、プログレサが持つすべての要素をひっくるめて、健康状態と教育の改善に対して効果をもたらすかどうかという点のみであり、追加の前提条件なしには、実際に機能しているさまざまなメカニズムを解明することはできない。

　そのような評価方法は、政策やプログラムが拡大される前の段階で効果を測るという意味で、現在においても非常に役立っている。しかし近年は、特定のプログラムが機能するか否かというシンプルな問いを超えて、研究者がパイロットプログラムを活用する例が増えている。すなわち、研究者が特定の経済理論の検証を念頭に置いた上で、パートナーのプログラム設計を支援する例が増えているのである。その結果、パートナーの実際的な問題解決を目的としてプログラムは設計されながらも、同時に経済理論の検証にも役立ってきた。並行して、先進国においても研究室内実験の外的妥当性への関心が高まっており、経済理論の検証にランダム化を用いる気運が高まっている（この分野のレビューには Harrison and List［2004］を参照されたい）。

　こうしたパイロットプログラムは、ある問題に対する最善の解決策を見出すために実施パートナーと研究者が連携して実験を行っているという意味で、通常の「プログラム評価」から「フィールド実験」へと昇華されていると言える（Duflo 2006）[4]。開発経済学の分野においては、このフィールド実験と

呼ぶべき研究が爆発的に増加している[5]。もちろん実際には、「シンプルな」プログラム評価とフィールド実験を明確に区別することは難しい。ある1つのプログラムについて、1つの処置群と1つの対照群を比較するもっともシンプルな研究から、多数のグループを設けて非常に細かな仮説を検証する研究まで、幅広く行われている。

ここで、クリエイティブな実験設計の威力をよく示している事例を2つ紹介する。まずは、時間非整合的（「双曲割引」）選好[6]の重要性を検証することを試みた、Ashraf, Karlan and Yin（2006）の事例である。この目的に向けて、彼らはフィリピンの小さな農村銀行のために、目標型貯蓄商品（commitment savings product）である「SEED」を設計した。その農村銀行は、SEEDにより預金額が増える可能性があることから、プログラムへの参加に関心を示した。SEEDが提供された顧客は、一定期間経過後もしくは設定した金額が貯蓄されるまで、口座に積み立てている預金の引出に制限をかけることができた。通常の口座に比べて、SEEDにはこの機能以外の利点はなかった。SEEDは、その農村銀行の元々の顧客1,700人のうちからランダムに選ばれた半数に提供された。残りの半分は、純粋な対照群か、貯金の意義に関する訪問説明を受けるグループのいずれかに割り当てられた。この第三の

4）〔訳注〕ここでは、後ろ向き評価を用いた効果検証を「通常のプログラム評価」と呼び、前向き評価に基づく「フィールド実験」と対置させている。フィールド実験の場合、研究者の関心に応じて、経済理論から導かれる仮説が検証可能なように実験を設計可能だが、通常のプログラム評価ではそうしたことは難しい。

5）〔原注〕こうした近年の研究や現在進行中の研究は導入部分（第1章）で挙げたレビュー論文で参照できる。

6）〔訳注〕例えば、今すぐに1万円をもらうという選択肢と1週間後に1万1000円をもらうという選択肢が提示された場合には前者を選ぶ人が、1年後に1万円をもらうという選択肢と1年＋1週間後に1万1000円をもらうという選択肢が提示された場合には後者を選んでしまう場合がある。1週間待つことによってもらえる金額が1000円増加する点はどちらも一緒であるにも関わらず、こうした非整合的な行動が行われる理由のひとつが時間非整合的（双曲割引）選好であり、将来の価値を別の時点の価値に換算する際の割引率が、現在に近いほど大きく感じてしまう選好のことを指す。この実験では、貯蓄する意思はあっても目先の利益を強く求める選好のせいで貯蓄ができていないのではないかという仮説を、Ashraf, Karlan, and Yin（2006）は目標型貯蓄ができる口座を用意することによって検証している。

グループを設けることで、顧客の貯蓄を促したのは、SEED による預金の引出制限というよりも、むしろ貯蓄の意義について説明を受けたという単純な事実であるのかどうか検証できた。このように対照群をさらに 2 グループに分けることは、比較的柔軟な組織によるパイロットプログラムであったからこそ可能であった。

　また、Duflo, Kremer, and Robinson（2006）は、肥料使用に関わる決定要因を探るため、ケニア西部における一連の異なる介入を評価した。そこでは、介入の設計を工夫することで、新技術の採用を妨げていると考えられる要因について検証することができた。まず、現地の農業環境における肥料使用の収益性を評価するため、処置群の農地と対照群の農地で肥料使用の効果を比べるフィールド実験が行われた。また、この実験では肥料散布に関する情報提供の効果や、農家間の情報伝達の経路についても調べることができた他、情報提供の方法（スタートキット[7]の提供や、学校でのデモンストレーション）の違いによる効果についても検証された。さらには、農家が現金を多く所持している時点で肥料の購入を支援する介入を行うことで、資金調達の制約や貯蓄が困難な環境が肥料使用に与えている影響についても検証された。

3.3 特殊な RCT の例

　ここまで見てきた例は、ある意味では古典的な治験と似ている。つまり、新規のプログラムに対してランダム化が導入され、サンプルは処置群と対照群に割り当てられている。しかし、ランダム化の考え方を既存のプログラムに組み込む方法は他にも多くあり、これが明らかになったことが最近の革新的研究のひとつである。多くの場合、既存のプログラムの実施への悪影響を最小限に抑えてランダム化を導入することは可能である。このことは2000年代以降、開発経済学者によるランダム化を利用した研究の急成長を後押ししてきた。この節では、ランダム化を新規のプログラムや既存のプログラムに導入するための 4 つの重要な方法として、応募超過法（oversubscription）、

　7）〔訳注〕農家に少量の肥料や種を提供するもの。

段階的導入（phase-in）、グループ内ランダム化（within-group randomization）、奨励設計（encouragement design）を見ていく。

3.3.1 応募超過法

ランダム化を導入する自然な方法は、リソースや実行体制が十分でなく、プログラムやサービスに対する需要が供給を上回っている場合である。こうした場合、限られたリソースを分配する自然で公平な方法は、候補者のなかからプログラムが提供される人をくじで選ぶことである。

コロンビアでは、教育クーポンの配布数を制限する際にこの方法が使われ、ランダム化により処置群と対照群を分けることで、結果的に教育クーポン政策の効果を正確に把握することができた（Angrist et al. 2002）。南アフリカで消費者金融の融資対象を広げることの効果が評価された例では、通常ではぎりぎり却下されるようなローンの申請をランダムに認めることで評価が行われた。通常であればローンを認められる申請者にはローンを認め、打ち切りラインよりはるかに下の人は申請を却下された。このように、銀行の通常の営業への悪影響が最小限に抑えられるような設計としたからこそ、この実験を行うことができたのである。また、結果を解釈する際に注意して心に留めておかなくてはならないのは、「ぎりぎりの」顧客、もしくはより一般的には、処置群への割り当てが真にランダムであった母集団にしかその結果は適用できないことである[8]。

3.3.2 段階的導入の順番のランダム化

予算や実行上の制約から、NGO は段階的にプログラムを導入することがしばしばある。そのような場合、導入の順番を決める方法としてランダム化がもっとも公平である場合が多い。一部の個人やグループのみが支援を受けられない状況が許されない場合には、段階的に導入されるプログラムの順番をランダム化することで、プログラム評価が可能となる。最終的にはすべて

8）〔訳注〕今回ランダム化によって評価されたのは、打ち切りラインより少し下の人たちだけであるため、例えば打ち切りラインより遥かに下と審査された人たちは属性が異なることから、分析結果を適用できない。

の個人やグループに対してプログラムが提供されるため、初期段階では対照群にランダムに割り当てられてしまった個人やグループからも、継続的な協力が得られるという実際面の利点もある。したがって、実行上の問題がないのであれば、段階的導入の順番のランダム化は、純粋な抽選によってプログラム受給者を決定する方法より好ましいかもしれない。なぜなら、将来的にプログラムが受給できるという期待は、被験者にとって研究者とコンタクトを取り続けるインセンティブとなり、サンプルの脱落によって生じる問題を回避できるためである（6.4節参照）。

　ケニアの小学校において実施された虫下し薬配付プロジェクトは、ランダム化を用いた段階的導入の一例である（Miguel and Kremer 2004）。このプログラムは、ケニアのブシア地区における75の小学校で1998年から2002年の間に行われたもので、回虫（寄生虫）および住血吸虫症への医療処置と、寄生虫予防の健康教育を実施したものである。このプログラムでは、小学校をランダムに３つのグループに分け、それぞれのグループが25の小学校から構成されるようにした。小学校での処置は次のように段階的に実施された。まずグループ１の25の学校では1998年に、続いてグループ２の25の学校では1999年に、最後にグループ３の25の学校では2000年にそれぞれプログラムが開始された。このプログラムが子どもたちの健康、栄養状態、および教育に与えた効果は、まずは1998年にグループ１の学校を処置群、グループ２、３の学校を対照群とみなして比較することで評価された。同様に、1999年にはグループ１、２の学校を処置群、グループ３の学校を対照群として比較することでも評価された。この研究から、虫下し薬により健康状態が改善し、学校への出席率が上昇することが明らかとなった。

　ランダム化による段階的導入設計の欠点としては、プログラムの長期的な効果を測れないことが考えられる。ただし、プログラムがしっかりと区別されたコホートを対象としているのであれば、長期的な効果を測ることは可能である。例えば、上述の虫下し薬配付プロジェクトでは、子どもたちは小学校卒業後には処置の対象ではなくなる。このことを利用して、MiguelとKremerは、自身の学校にプログラムが導入された時には対象年齢から外れてしまったコホートを追跡調査している。このコホートは、プログラムの長

期的な効果を研究するための、有効な対照群となる。

　一方で、もしランダム化による段階的導入の間隔が、プログラムの効果が発現するまでに要する時間に対して短過ぎたなら、プログラムの効果を測定することはできなくなってしまう。例えば、マイクロクレジットのプログラムを処置群の村に導入し、その6カ月後に対照群の村に導入した場合、プログラムの効果を測定することは難しいだろう。段階的導入設計を計画する際は、プログラムの効果が発現するまでのタイムラグを加味して、導入間隔を十分な長さに設定する必要がある。

　ランダム化による段階的導入は、対照群がこの先プログラムを受けられることを期待し、そのことによって行動を変えてしまう場合には問題となる。例えば、マイクロクレジットのプログラムを段階的に導入する場合、対照群の個々人は、プログラム受給後に安いローンが組めることを予測して投資を遅らせるかもしれない。この場合、対照群の行動は実験に参加しているという事実からも影響を受けており、有効な反実仮想となりえなくなってしまう。ある研究者は、プログレサの実験ではこの問題が発生していた可能性があると指摘している。

3.3.3　グループ内ランダム化

　ランダム化による段階的導入でさえ、すべてのグループにとって納得のいくプログラムの提供方法とは言えず、必ずしも実験に協力してもらえるとは限らない。例えば、実験に参加してもプログラムを受けられない間、学校側は、研究者らによる生徒のテストスコアのデータ収集を拒否するかもしれない。このような場合、グループ内のいくつかのサブグループに対してのみプログラムを提供することで、ランダム化の考え方を取り入れることが可能である。

　その一例として、バルサキ（balsakhi）プログラムが挙げられる。バルサキプログラムは、インド都市部の貧しい学校で補習教育支援を行うもので、インドの教育系NGOのプラサムによって実施されたプログラムである（Banerjee et al. 2007）。このプログラムは、学校の授業についていけなくなってしまった子どもたちに、学習に必要な基礎スキルの補習を行うものである。

プラサムは「子どもの友達」という意味のバルサキと呼ばれる指導者を雇って研修し、子どもたちに算数と読解の補習指導を行った。学校側からの協力を確実に得るため、この研究で対象となったすべての学校に毎年1人のバルサキが配置された。ただし、ランダム化の考え方を基礎として、いくつかの学校では3年生にバルサキを配置させ、その他の学校では4年生に配置させるようにした[9), 10)]。

すべての学校が同じ支援を受けることができたことから、この実験設計は各校の教員からも公平だと判断された。さらにこのNGOは、2人以上のバルサキを1つの学校に配置することはできない理由について信頼に足る説明を行ったため、すべての生徒がこのプログラムの恩恵を受けるべきだと学校側から期待されることもなかった。

このような設計の欠点としては、介入の影響を受けて対照群の環境が変わってしまう可能性が高まることが挙げられる。例えばバルサキプログラムの場合、3年生にバルサキが配置され4年生には配置されなかったとすると、校長先生が教育リソースを3年生から4年生に再配置してしまう懸念がある。ただし、このバルサキプログラムのケースでは、このような問題は起こりにくかったと考えられる。なぜなら、プログラムの対象となった学校では一定数の教員を各学年に配置するよう定められており、その他には再配置できるような教育リソースはほとんど存在しなかったためである。しかし、このような設計の実験を行うかどうか決定する際には、ここで取り上げたリスクについて考慮する必要がある。

3.3.4 奨励設計

奨励設計を用いれば、実験対象とした地域内で誰でも利用可能だが、皆がそれを利用するわけではないようなプログラムの効果を評価できる。奨励設

---

9)〔原注〕Glewwe, Kremer, and Moulin（2004）は、ケニアの学校で教科書を配布するプログラムに関する研究でも同様の手法を用いている。

10)〔訳注〕この設計の下では、3年生にバルサキが割り当てられた学校では、3年生は処置群、4年生は対照群となり、4年生にバルサキが割り当てられた学校では、3年生は対照群、4年生は処置群となる。プログラムの評価は、各学校の3年生どうし、4年生どうしでそれぞれ比較することで行われた。

計は、プログラムへの割り当てをランダムに行うことが倫理的もしくは実務的な理由から難しいような場合に、特に便利である。奨励設計では、処置そのものをランダムに割り当てるのではなく、被験者に対して処置を受けることを促す「奨励」をランダムに割り当てる[11]。奨励設計に関する初期の研究の１つとして、GRE[12]に向けた勉強はテストスコアの上昇に繋がるかどうかを研究したものがある（Holland 1988）。勉強するというのは誰にでもできることだが、この研究では、GRE を受験し得る学生の一部に対してランダムに無料の資料を郵送することで、GRE に向けて勉強する生徒数を増加させた。最近では、Duflo and Saez（2003）が課税繰延口座（Tax Deferred Account: TDA）についての情報を受け取ることでもたらされる効果について研究を行っている。その研究では、大学が開催する福利厚生に関する説明会（この説明会には全員が招待されている）に職員が出席することに対して、一部のグループに金銭的なインセンティブが与えられた。インセンティブが与えられたグループの説明会への出席率は上がり、その後行われた追跡調査で、インセンティブが与えられたグループと与えられなかったグループの TDA の採用状況が比較された。

Duflo, Kremer, and Robinson（2006）は、ケニアにおいて、他の農家が肥料散布を行う様子を目撃することが将来の肥料の使用状況に与える影響を評価した。この評価を行うため、ランダムに選択された農家の農地で肥料散布のデモンストレーションが行われた。デモンストレーションには、農家の友人のうちランダムに選択した一部を明示的に招待し、肥料散布の様子を見学してもらった。招待されていない友人もデモンストレーションに参加できたが、「招待されていない友人」に比べて「招待された友人」の参加率が遥かに高かった。デモンストレーションへの招待はランダムに行われたため、招待を受けたかどうかは、処置効果を評価するための自然な操作変数[13]となった。

---

11)〔訳注〕ランダムに割り当てられた操作変数（IV）を用いて、被験者が実際に処置を受けやすく（もしくは受けにくく）するのである。このような手法を操作変数法と言う。

12)〔訳注〕Graduate Record Examination の略称。アメリカやカナダの大学院へ進学する際に受験する共通試験。

奨励設計は、処置を受ける確率を「増加させる」だけで、確実に処置を受けさせるわけではないため、利用時にはある解析的な課題が生じる。これについては6.2節で議論する。

---

13)〔訳注〕肥料散布の見学に参加した人は、参加していない人に比べて農業に対して熱心であることが予測される。そのため、参加した人と参加していない人の将来の施肥の状況を単純に比較しても、肥料散布を見学することの正確な効果を測定していることにはならない。操作変数法では、肥料の使用状況と無関係な変数（ここではランダムに割り振られた招待）を導入することで、この問題を解決できる。同様の内容は6章でも議論されるのでそちらも参照されたい。

第4章

サンプルサイズ、実験設計、検出力

　実験の設計において「検出力」とは、プログラムの効果の大きさと統計的有意水準を所与とした時に、帰無仮説を棄却することができる確率を指す。サンプルサイズや実験設計上の他の設定もまた実験の検出力に影響を与える。

　この章では、統計的検出力に関する疑問や実験設計上の統計理論に対して包括的に回答することを目指すのではなく、むしろ RCT における統計的検出力に影響を与える重要な要因に注目する[1]。そのため、本章では統計の基本的な知識を前提とし、複雑で細かい一部の問題については考慮しないこととする。まず、検出力計算の基本原理を確認した上で、複数の処置群が存在する場合やグループ単位でのランダム化、不完全コンプライアンス、制御変数、層化などの実験設計により生じる影響について議論する。さらに、検出力計算を行う際の具体的な手順や、評価設計計画時の検出力計算の役割についても議論する。

4.1 基本原理

　検出力計算の基本的な原理は、単回帰分析の枠組みで示すことができる。これまでに議論してきたように、2種類のグループにおける平均値の差（平均処置効果の推定値）は下記に示す OLS の係数 β である。

1）〔原注〕検出力計算のための良い参考文献は Bloom（1995）である。実験の設計の理論上の参考文献は Cox and Reid（2000）である。

$$Y_i = \alpha + \beta T + \epsilon_i \tag{5}$$

　ここでは処置の種類は1つのみであり、かつサンプルのうち比率 P にあたる人々のみが処置を受けると仮定する。また、観測値が分散 σ^2 の i.i.d.[2] であると仮定できるよう、各個人は同一の母集団からランダムに抽出されると仮定する。

　$\hat{\beta}$（β の OLS 推定量）の分散は次式で与えられる。

$$\frac{1}{P(1-P)}\frac{\sigma^2}{N} \tag{6}$$

　一般的に、我々は、「プログラムの効果はゼロである」という帰無仮説 H_0 と「プログラムの効果はゼロでない」という対立仮説を検証することに関心がある[3]。仮説検定における「有意水準」とは、第一種の過誤（Type I error）[4] が起こる確率を表し、実際には帰無仮説 H_0 が真であるのにそれを

2）〔訳注〕Independent and identically distributed（独立同一分布）の略で、互いに独立していて、かつ同じ確率分布を持つこと。

3）〔原注〕ただし時に、プログラムに大した効果がないことを期待してプログラム評価を行う場合（例えば流行の政策に異議を唱えるような場合）もあり、そういった例は興味深く重要である。その際、検出力計算はプログラムの効果がゼロであることを検証するために実施されるのではなく、プログラムの効果がある値より大きくないことを検証するために実施されることになる（なぜなら、あるプログラムの効果がゼロであることを棄却できないからといって、そのプログラムの効果がゼロであることを採択できるわけではないからである）。
　〔訳注〕この脚注の例では、「プログラムの効果はゼロである」（$\beta = 0$）ことを採択したい場合について言及しているが、これには帰無仮説「プログラムの効果がゼロではない」（$\beta > 0$）を棄却する必要がある。しかし、$\beta > 0$ を棄却するためには β がゼロより大きいあらゆる値を取り得ないことを示す必要があり（例えば $\beta = 0.001$ ですら棄却しなくてはならない）、それは事実上不可能である。そこで次善策として、帰無仮説を「プログラムの効果はある値よりも大きい」として（例えば $\beta > 1$ など）、これを棄却することで、少なくともプログラムの効果はある値よりも小さく（例えば $0 \leq \beta \leq 1$ など）、プログラムの効果はほとんどないことを示すというアプローチが取られる。

4）〔訳注〕実際には帰無仮説が真であるにも関わらず誤って棄却し、対立仮説を採択してしまうことを「第一種の過誤」と言う。これに対し、帰無仮説が真でないにも関わらず棄却できず、対立仮説を採択しないことを「第二種の過誤（Type II error）」と言う。

図 1　帰無仮説の下での $\hat{\beta}$ の分布とプログラムの真の効果が β である場合の $\hat{\beta}$ の分布

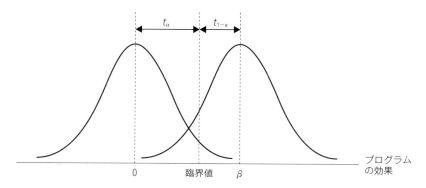

棄却してしまう確率を表している。

　図 1 の左側の釣鐘状の曲線は、「プログラムの効果はゼロである」という帰無仮説の下での $\hat{\beta}$ の分布である[5]。設定された有意水準で、$\hat{\beta}$ が臨界値よりも右に現れる時、つまり $|\hat{\beta}| > t_\alpha * SE_{\hat{\beta}}$ である時、帰無仮説 H_0 は棄却される。この時 t_α（両側検定の場合は $t_{\alpha/2}$）は有意水準に依存し、標準的な t 分布より求めることができる。

　図 1 の右側にある曲線は、プログラムの真の効果が β である場合の $\hat{\beta}$ の分布を示している。この時、真の効果 β に対する検出力は、臨界値 t_α の右側かつ当該曲線の下側の面積で表され、すなわちそれは帰無仮説 H_0 が真でない時に帰無仮説を正しく棄却できる確率である。

　検出力 κ を得るためには、以下を満たす必要がある[6]。ここで、$t_{1-\kappa}$ は t 分布表により定められた値である。例えば、80％の検出力を達成するには、$t_{1-\kappa} = 0.84$ となる。

$$\beta > (t_{1-\kappa} + t_\alpha) SE(\hat{\beta})$$

　検出可能な最小の処置効果量（Minimum Detectable Effect: MDE）は、所与

5）〔原注〕ここでの説明は Bloom（1995）に従う。
6）〔訳注〕$SE(\hat{\beta})$ は $\hat{\beta}$ の標準誤差を指す。

の検出力（κ）、有意水準（α）、サンプルサイズ（N）、および処置群に割り当てられる確率（P）の下で、片側検定の場合、下記(7)式で与えられる（t_α は両側検定の場合は $t_{\alpha/2}$ で置き換えられる）。

$$MDE = (t_{1-\kappa} + t_\alpha)^* \sqrt{\frac{1}{P(1-P)}} \sqrt{\frac{\sigma^2}{N}} \tag{7}$$

　また、効果量を仮定し有意水準を設定することで、(7)式から所定の検出力を達成するために必要なサンプルサイズ（N）を導出できる。

　(7)式は、検出力と有意水準の間にトレードオフの関係が成り立つことを示している。有意水準を厳しく設定する（つまり α の値を減少させる）と t_α は増加するので、所定の検出力を達成するためには、より大きな効果量が必要となる。これは、すなわち「実際にはプログラムに効果がない時に、誤って効果があると結論付ける確率（第一種の過誤が起こる確率）」と「実際にはプログラムに効果がある時に、誤って効果がないと結論付ける確率（第二種の過誤が起こる確率）」の間に、トレードオフが存在しているということである。基本的な検出力の計算に必要な他のパラメータは、研究者が推測する MDE の大きさや ϵ の標準偏差、処置群と対照群に割り当てられたサンプルの割合、サンプルサイズである。

　また(7)式は、処置群と対照群へのサンプルの割当方法についても示唆を与えている。一度の処置につき、評価プログラムなかで費用がかかる部分が主にデータ収集である場合、(7)式は P が0.5の時に最小化される（つまり、他の変数が一定でかつ P の値が0.5となる時、サンプルサイズ N は最小となる）ため、処置群および対照群の間でサンプルは等しく分割されることが最適ということになる。一方で、処置の実施にかかる費用が高くデータ収集にかかる費用が安い場合には、対照群を多く取りつつ、最適なサンプルサイズを確保することになる（例えば、処置群と対照群のどちらに対しても、アウトカムに関する公的統計データが利用可能である場合などが該当する）。より一般的には、処置群への割当率は、予算制約 $N(1-P)c_c + NPc_t \leq B$ の下で(7)式を最小化することで求めることができる。ここで、N は全サンプルサイズ、c_c は対照群における1人当たりの費用、c_t は処置群における1人当たりの費用

（データ収集費用と処置自体の双方の費用を含む）を示す。これにより、次の最適な配分ルールを得ることができる。

$$\frac{P}{1-P} = \sqrt{\frac{c_c}{c_t}}$$

これは、処置群への割当率（P）と対照群への割当率（$1-P$）は、それぞれの費用の平方根の逆数に比例させるべきであることを示している。

(7)式は、複数の処置を評価する場合においても、サンプルサイズの計算に応用することができる。そこで、ある実験において2種類の処置が実施される場合を考えよう（例えば、上述したSEEDプログラムの評価において、被験者は、SEED処置群［SEEDが提供される処置群］、マーケティング処置群［SEEDは提供されないが、貯金の意義に関する訪問説明を受ける処置群］、そして純粋な対照群の3グループに分類された）。まずは、研究者が対照群とマーケティング処置群の比較と、対照群とSEED処置群の比較にのみ関心がある場合を考えよう。この場合、研究者がこれらの推定に同じウエイトを置くならば、2種類の処置についてMDEの総和を最小化したいと考える。そのため、SEED処置群とマーケティング処置群への割当率に対して、純粋な対照群への割当率を2倍に設定することで、最適な配分となる。もちろん、研究者は片方の処置において、もう一方の処置よりも小さい効果を検出できるようにしたいと考えることがある。言い換えれば、片方のMDEに対して、もう一方よりも高いウエイトを置くような場合である。しかし、いずれにせよ重要なのは、対照群のサンプルサイズが処置群よりも大きくなければならないということである[7]。

次に、研究者が2種類の処置どうしの比較に関心がある場合（SEEDプログラムの評価がそうである）、その2つの処置効果の差を検出するのに十分な

7）〔原注〕この時最適な分配は以下の式で与えられる。

$$\frac{N_i}{N_j} = \frac{\sum_{H_j}\omega_h}{\sum_{H_i}\omega_h}\sqrt{\frac{c_j}{c_i}}$$

この時 ω_h は仮説 h の検証に際し置かれたウエイトで、H_I はグループ I を含むすべての仮説の集合を表す。

サンプルサイズが必要となる。2つの処置効果の間に大きな差がみられない場合、それぞれの処置効果を個別に評価する場合に比べて、より大きなサンプルサイズが必要となる。

4.2 グループ化されたエラー

上述の評価設計の多くにおいて、ランダム化は個人単位ではなく、グループ単位で実施されている。しかし、このような場合でも、研究者は個人単位のデータを利用できることが多い。例えば、プログレサではランダム化は村単位で実施されたが、個人単位のデータが利用可能であった。

グループ単位でランダム化されたプログラムにおいて個人単位のデータを分析する時は、誤差項が個人間で独立でないかもしれないことに注意する必要がある。同じグループ内の人々は、同じ外生的な影響に晒されている可能性があるため、彼らのアウトカムも相関している可能性がある。処置状況もまたグループ内で均一であるので、アウトカムの相関は、プログラムの効果として誤って解釈される可能性もある。例えば、人口の多い2つの地区があり、片方の地区をすべての人が栄養補助プログラムを受けている処置群、もう一方の地区を対照群に割り当てる場合を考えてみよう。さらにここで、対照群に割り当てられた地区において干ばつが発生したと仮定してみよう。この場合、プログラムの効果から干ばつの影響を区別することはできないだろう。

ここで、(2)式の修正版を考えてみよう（この処置は Bloom［2005］に従う）。

$$Y_{ij} = \alpha + \beta T + \upsilon_j + \omega_{ij} \tag{8}$$

添字の j はグループを示し ij は個人を示す。ここで説明の簡略化のため、サンプルサイズの等しい J 個のグループ（各グループのサンプルサイズを n とする）が存在し、υ_j は分散 τ^2 の i.i.d.、および ω_{ij} は分散 σ^2 の i.i.d. に従うと仮定する。ここで、OLS 推定量である $\hat{\beta}$ は依然としてバイアスがなく、その標準誤差は以下の通りとなる。

$$\sqrt{\frac{1}{P(1-P)}}\sqrt{\frac{n\tau^2+\sigma^2}{nJ}} \tag{9}$$

仮に、ランダム化が個人単位で行われていた場合は、$\hat{\beta}$ の標準誤差は以下の通りとなる。

$$\sqrt{\frac{1}{P(1-P)}}\sqrt{\frac{\tau^2+\sigma^2}{nJ}} \tag{10}$$

各グループにおけるサンプルサイズを一定とした時、(9)式および(10)式から、これらの標準誤差の比である D（「実験設計効果［design effect］」と呼ぶ）は以下の式で表される。

$$D = \sqrt{1+(n-1)\rho} \tag{11}$$

ここで n は各グループに含まれるサンプルサイズを示し、また $\rho = \tau^2/(\tau^2+\sigma^2)$ はグループ内相関（全体の分散のうちグループ内分散によって説明される割合）を示す。(11)式が示すように、実験設計効果は、グループ内相関および各グループに含まれるサンプルサイズの両方の大きさに伴い大きくなる。この実験設計効果は、グループ内の相関が低い時であっても、非常に大きくなることがある。例えば、各グループに含まれるサンプルサイズが50人で、グループ内相関が0.06の場合、個人単位でのランダム化とグループ単位でのランダム化で標準誤差は2倍程度も異なる。

このように、グループ化により分散が増加することは、サンプルサイズの計算において非常に重要な意味を持つ。特に、Bloom（2005）は、サンプルサイズ n のグループが J 組存在する時、MDE は以下の式で与えられることを示している。

$$MDE = \frac{M_{J-2}}{\sqrt{P(1-P)J}}\sqrt{\rho+\frac{1-\rho}{n}}\sigma \tag{12}$$

ここで、両側検定の場合は、$M_{J-2} = t_{\alpha/2}+t_{1-\kappa}$ である。

(12)式は、t 分布の臨界値に対する J の影響を無視した場合、MDE がグ

第 4 章　サンプルサイズ、実験設計、検出力　　43

ループ数 J の関数として、概ね比例的に変化することを示している。一方で、特に ρ が比較的大きい場合、各グループのサンプルサイズが推定の精度に与える影響は遥かに小さい。これは所与のサンプルサイズにおいて、各グループに含まれるサンプルサイズを増加させても、ランダム化されたグループの数自体を増やすことに比べれば、推定の精度は向上しないことを意味している。より直感的な説明としては、グループ内でアウトカムが相関している時に、既存のグループ内の追加的なサンプルから取得できるデータは、未知のグループの最初のひとりが持つデータよりも情報が少ないということである。最後に、(12)式が示しているのは、サンプルとして抽出されるグループ数と各グループ内のサンプルサイズは、非常に大きく ρ に依存しているということである。

　ここまでのすべての計算は単純化のために均一分散の仮定の下で行われたが、実際には必ずしもこの限りではないということに注意する必要がある。7章では、グループ化されたデータにおける標準誤差の計算方法について、この仮定を用いずに議論する。

4.3 不完全コンプライアンス

　ここまでは、ランダム化が「誰かが処置を受ける確率」にのみ影響を与えるような例を数多く見てきた。後段の6.2節では、そのような実験から生じるデータの分析および解釈方法について、詳細に説明する。

　ここで重要なのは、最適なサンプルサイズを決定する時には、「コンプライアンスが完全ではない」可能性について考慮すべきということである[8]。6.2節では、「処置群と対照群におけるアウトカムの差」と「処置群で処置を受けた被験者の割合と対照群で処置を受けた被験者の割合の差」の比率が、コンプライアー（処置群へのランダムな割り当てがなければ処置は受けないが、

---

8)〔訳注〕「コンプライアンスが完全ではない」（「不完全コンプライアンス」とも言う）とは、実験開始時に処置群（対照群）に割り当てられた被験者のうち、一部が実際には処置を受けない（受けてしまう）状況が発生することである。すなわち、当初決められたランダム割当が完全には遵守（comply）されない状況を指す。

処置群への割り当てがあれば処置を受ける被験者）に対する処置の因果効果の推定量であることを示している。

そのため、検出力は、「実験開始時に」処置群に割り当てられた被験者と対照群に割り当てられた被験者のアウトカムの差から導かれることとなり、実際に処置を受けたかどうかに基づくものではない（これは実験開始時の割当状況による処置効果［誘導形効果と呼ぶ］である）。実験開始時に処置群に割り当てられ、かつ実際に処置を受けた被験者の割合を c と表記し、実験開始時に対照群に割り当てられたが、実際には処置を受けた被験者の割合を s と表記する。誘導形効果は、実際の処置効果に $c-s$ を乗じたものになる。

したがって、不完全コンプライアンスを考慮した場合、MDE は以下の式で与えられる。

$$MDE = (t_{1-\kappa} + t_a) * \sqrt{\frac{1}{P(1-P)}} \sqrt{\frac{\sigma^2}{N}} \frac{1}{c-s} \tag{13}$$

MDE は、サンプルサイズ（N）が減少する場合はその平方根に比例して（指数的に）増加する一方で、コンプライアンス率（$c-s$）が減少する場合はそれに応じて線形的に増加する。そのため、不完全コンプライアンスは、検出力に大きく影響を与えることが分かる。例えば、コンプライアンス率が80％の場合、同じ MDE を達成するためには、サンプルサイズを56％大きくする必要がある。代わりに、サンプルサイズが変わらないとすると、MDE は25％大きくなる必要がある。

このことは、コンプライアンスが不完全である場合に生じる解釈の問題（以下で詳細に議論する）に加えて、実験設計におけるコンプライアンスの重要性を強調している。これは、研究者が2つの異なるコンプライアンス率の実験設計を選択できる時、コンプライアンス率が高いものを選ぶことが、サンプルサイズの観点で重要である（つまり、小さいサンプルサイズで済む）ことを意味している。これは、どのタイミングでランダム化を導入するかを検討する上で有用な考え方である。例えば、マイクロクレジットの顧客に対する自主的な研修プログラムの効果を測定する場合を考えよう。第一のアプローチは「奨励設計」で、ランダムに選択された顧客は、研修プログラムへの

招待状を受け取り、その上で参加するかどうかを選択するというものだ。研修プログラムの評価においては、招待された顧客と招待されていない顧客を比較する。第二のアプローチは「応募超過法」の実験設計で、顧客は研修プログラムに応募する機会を与えられ、応募者のなかからランダムに参加者が決定されるというものだ。後者におけるプログラムの参加率（処置群に割り当てられた人のうち実際にプログラムに参加した人の割合）は、おそらく前者に比べてはるかに高いだろう。「研修プログラムに参加する選択肢が提供された場合に参加を選択した被験者」に対する処置効果の MDE は、コンプライアンス率の上昇に伴い減少する[9]。

4.4 制御変数

単純なランダム化実験では、アウトカムに影響する、もしくはアウトカムを予測する共変量のベースライン値（処置が行われる前の共変量の値）を制御（コントロール）することで、β の推定量の期待値には影響を与えずに、推定量の分散を減らすことができる。ただし、処置によって影響を受けるような共変量を制御してしまうと、処置効果の一部を捉えてしまうことになるため、処置効果の推定値にバイアスを与える可能性があることには注意が必要である。したがって、共変量に関する情報は、事前調査（ベースライン調査）で収集すべきである[10]。共変量の特殊ケースのひとつが、アウトカムのベースライン値（処置が行われる前のアウトカムの値）である。

9）〔原注〕第二の実験設計では、研修プログラムへの応募者によって構成されたサンプルを対象に評価が実施されていることから、処置効果は母集団を代表するものではないと思う人もいるかもしれない。しかしながら、この解釈は必ずしも正しいとは言えない。なぜなら、第一の実験設計もまた、コンプライアー（すなわち、招待されなければ研修プログラムを受けないが、招待されることで研修プログラムを受ける被験者）における処置効果を推定しているからである。したがって、第一の実験設計でさえ、研修プログラムを受けることに関心を持っている人に対する処置効果を評価しているのである。影響を受ける母集団は、2つの実験設計において必ずしも厳密に同じではない。すなわち、自ら申し込もうとは思わないが、参加できるという選択肢が提示されれば研修を受けてもよいと思う人がいることも、もちろんあり得るということである。しかし、その差はさして大きくはないかもしれない。

以下のような式を考えてみよう。

$$Y_{ij} = \alpha + \beta T + X_{ij}\gamma + \bar{v}_j + \bar{\omega}_{ij} \tag{14}$$

X_{ij} はグループまたは個人レベルの制御変数の集合とする。$\bar{v}_j$ と $\bar{\omega}_{ij}$ は、X_{ij} を制御した上で説明されない分散とする。共変量を追加することによる自由度への影響をひとまず無視すると、共変量の制御が分散の推定値に対して与える影響は、以下の3つである。第一に、(真の)残差分散を低減し、それによりパラメータ推定値の分散を減少させることができる。第二に、処置状況を含むすべての共変量の行列を W とした時に、完全にランダム化された実験では、共変量の制御によって $(WW)^{-1}$ が増加し、それにより $\hat{\beta}$ の分散が増加する。ただし、層化(次節で説明する)を伴うランダム化の場合は、この第二の効果が起こり得ないことに注意したい。なぜなら、層化によって処置状況とその他の共変量が直交するからだが、層化を伴わない(完全な)ランダム化実験では、処置状況とその他共変量が必ずしも直交しないかもしれない。第三に、$\hat{\beta}$ の分散の推定値は、共変量を制御しない場合と比べて変動しやすくなる。変動により分散が大きくなる場合もあれば小さくなる場合もあるが、バイアスは存在しない。

　一般的には、アウトカムに大きな影響を与える変数を制御することで、推定値の標準誤差を少なくし、ひいては推定に必要なサンプルサイズを小さくすることができる。このため、アウトカムが変化しにくい場合、事前調査を実施することで、RCTに必要なサンプルサイズを大幅に小さくすることができる。例えば、教育の処置効果を評価する際に事前テスト(ベースラインテスト)が実施可能ならば、事前テストの点数を制御することで処置効果の推定精度が高まり、かつサンプルサイズを抑えることで評価費用の削減にも繋がる。ただし、アウトカムにほとんど影響のない変数を制御すると自由度が減少し、標準誤差が増加することに注意する必要がある[11]。したがって、制御変数の選択は、実際には困難な問題である。また、特定化の探索[12]に

---

10)〔訳注〕処置が行われる前の情報は、処置の前に既に確定している変数であるため、処置によって影響を受けることは考えにくい。そのため、制御すべき共変量の候補になり得る。

関するリスクを回避するため、原則として、制御する変数は評価実施前に選択されなければならないことにも注意が必要である。

4.5 層化

　特定化の探索および（事後の恣意的な）データ収集を回避するために、制御する共変量は事前に選択される必要があるが、推定値の精度を向上させるために、サンプルを層化（ブロック化）することもできる。この手法（Fisher［1926］により初めて提唱された）は、同一または類似の特性を共有するグループごとに、サンプルを分割するものである。ランダム化は、処置群と対照群が近しいことをあくまで「期待ベース」で保証するものだが、層化を実施することで、これらのサンプルが観測可能でかつ重要な変数の観点から「実際に」近しいことが保証される。例えば、3.3.3項で説明したバルサキプログラムにおいて、研究者は、ムンバイのエリアの学校をクラスの規模、使用言語、学校の性別タイプ（男子校、女子校、または男女共学校）、そして事前テストの点数に応じて層化した。すなわち、同じ使用言語、同じ性別タイプ、そして事前テストの得点域が同じである学校が、層ごとに括られているのである。そうすることで、研究者は、処置群と対照群が上記の性質において同質的になるようにしたのである。層化の極端な例は、同質のサンプルごとにペアを構成し、ペアごとに片方を処置群、もう一方を対照群にランダムに割り当てる方法である。

　各層において、処置群と対照群への割当率が等しい時、平均処置効果は、処置を受けたすべての被験者のアウトカムと処置を受けなかったすべての被験者のアウトカムの差に等しい。すなわちこれは、各層のサンプルサイズをウエイトとした時の、各層における処置群と対照群のアウトカムの差の加重平均である。

11）〔原注〕処置前のアウトカム値をコントロールしていたとしても、アウトカムが非常に固定的でない場合、またエラーを伴って測定される場合には、推定の精度を減らす可能性がある

12）〔訳注〕2.5節の訳注23を参照のこと。

ベースライン変数を制御することと同じく、層化を行うことで、層化に用いた変数がアウトカムに与える影響の分だけ、処置効果の推定精度を向上させることができる（Cox and Reid 2000）。層化により、各層における処置群と対照群の割当率を等しくすることができ、ひいては分散を抑えることができるため、層化は実験後に共変量を制御する方法に比べてより効率的である。極端にいえば、層化なしに完全にランダム化された実験設計では、いくつかのグループにおいて処置群または対照群に割り当てられた被験者のいずれか一方しか存在しない状況が発生する場合がある。このようなグループでは、事後的に変数を制御したとしても、処置群と対照群を比較することは不可能であり、変数を制御することによって有効なサンプルサイズや処置効果の推定精度が減少してしまう。

より一般的には、Imbens, King, and Ridder（2006）は、層化された実験設計において処置群と対照群の割当率がすべての層で一様（かつ完全なランダム化実験における割当率と等しい）である時、処置効果の推定値の分散は、事後的な制御の有無に関わらず常に小さくなることを示している。また、このことから、いくつかのダミー変数が層化のために利用され得るならば、結果としてそれらがアウトカムに対する大きな説明力を持たなかったとしても、それらすべてを使用して層化すべきことが示唆される。処置効果の推定値は、これらすべての層の平均値として計算されるため、ランダム化が実行される層ごとのサンプルサイズが非常に小さくなるとしても、さほど問題にはならない。

層化に使用できる変数のうち、1つまたは複数の変数が連続変数である場合には、1つの連続変数のみに基づいてペアを形成することができるように、層化に使用する変数を選択することが必要であろう。例えば、まず性別で層化し次に所得で層化した場合、所得のみで層化した場合と比べて、処置群と対照群の平均所得の類似性は低くなるだろう。連続変数を用いて層化する場合、候補となる層化変数がアウトカムと処置効果をどの程度説明するのかを考慮して、層化に用いる変数選択を行う必要がある。

層化を取り入れた際の処置効果の推定値とその分散は、以下の(15)式をOLS（標準推定またはロバスト推定のいずれかを用いつつ、層化による自由度の

減少を考慮する）により推定することで得られる。

$$Y_{ij} = \alpha + \beta T + M_{ij} + \bar{v}_j + \bar{\omega}_{ij} \tag{15}$$

ここで、M は被験者の層を示すダミー変数の集合である。別の方法としては、層ダミーを無視し、(5)式（(15) 式から層ダミーを取り除いた式と同じ）を推定することも可能である。

上記の方法はどちらも実施可能である。すなわち、各層において処置群と対照群への割当率が等しい場合、層ダミーを無視して(15)式を推定しても、β の推定値は、層ダミーを含めて(15)式を推定した場合と同じ値になる（ただし、残差の分散は大きくなる）。この場合、標準 OLS 推定によって得られた分散は、$\hat{\beta}$ の分散の保守的な推定量となる。ただし、(15)式に基づく分散の推定量は、層ダミーを無視して推定した場合に比べて小さく（または同等に）なる「はず」だが、変動しやすく、サンプルによっては大きくもなり得る点が指摘されている（Imbens, King, and Ridder 2006）。

層化を取り入れる重要な理由として、推定値の分散を減少させるという目的以外には、研究者が特定のサブグループに対する処置効果に関心がある場合がある。上記の場合、実験は当該サブグループに対して十分な検出力を持つように設計されなければならない（この場合、サブグループごとに実験が個別に行われることになる）。サブグループごとに層化することで、実験者はサブグループごとに処置群と対照群の最適な割当率を設定することが可能である。また、層化を取り入れることで、サブグループ別の分析を事前に計画していたことを、研究結果の読み手に対して証明することもできる。

4.6 実践的な検出力の計算

本節では、実験設計における検出力計算の背後にある基本的な理論的原則を整理する。実験を計画する際に、研究者はどのように検出力の計算をする必要があり、どのような目的のためにそれらを使用する必要があるのだろうか？

最初に覚えておくべきこととして、4.1節において説明した公式の精度が

表1　小学校におけるグループ（クラス）内相関

場所	教科	推定値	参考
マダガスカル	算数＋国語	0.50	AGEPA data base
ケニア（ブシア）	算数＋国語	0.22	Miguel and Kremer（2004）
インド（ウダイプル）	算数＋国語	0.23	Duflo and Hanna（2005）
インド（ムンバイ）	算数＋国語	0.29	Banerjee et al.（2007）
インド（ヴァドーダラー）	算数＋国語	0.28	Banerjee et al.（2007）
ケニア（ブシア）	算数	0.62	Glewwe et al.（2004）
ケニア（ブシア）	国語	0.43	Glewwe et al.（2004）
ケニア（ブシア）	理科	0.35	Glewwe et al.（2004）

いかに高かろうが、検出力計算は実際にはかなりの推測を伴う作業である。検出力計算を行うためには、実験の実施前の段階において、共変量となり得る変数を制御したり層化を行ったりした上で、処置効果の推定値やその分散を推測しておく必要がある。また、グループ単位でのランダム化設計では、アウトカムのグループ内相関の程度についても推測が必要となる。一般に、これらの変数の値を推測するもっとも良い方法は過去に収集されたデータを用いることであり、同じ国や地域のものが利用できれば理想的である。しかし、時にはそのようなデータが入手できない場合もあり、その場合には推測が必要となる変数の規模感を得るために、事前調査を行う必要がある。ただし、制御したい変数がアウトカムのベースライン値である場合はとりわけ難しく、多大な時間がかかる可能性がある（これには、実験前後で2度の調査が必要となり、かつ両者の実施間隔をある程度あける必要があるからである）。また、グループ単位の実験設計では、グループ内相関（ρ）の信頼できる推定値を推測することも、実務上の課題である。

　表1は、テストスコアのクラス内相関の程度を示している（ここで「クラス」とは、学校内の学年に相当する）。この表では、テストスコアに対するクラス内相関は高く、0.2から0.6までの値をとっているが、その他の応用事例ではもっと低くなるケースも多い。必要なサンプルサイズの範囲を推測するためには、さまざまな大きさのρを用いて検出力計算を行うことが重要となる。

　次に必要となるのは、検定に用いる有意水準の選択である。公刊論文にお

いては、第一種の過誤の発生率が5％または10％以下であれば一般的に推定値が「有意」なものとして受け入れられるため、通常はこれらの値が有意水準として設定される。最後に、MDE の大きさを指定する必要がある。この MDE の設定だが、政策評価における経験則としては、施策の規模の拡大が今後想定されているならば、費用対効果の観点で十分な処置効果量を頭に入れた上で、検出されるべき最小値を設定すればよい。したがって、費用を比較的かけずに実施できる施策の場合は、より大きなサンプルサイズを用いて評価すればよいだろう。ただし、これは実験自体にかかる費用を無視した場合の話である。また、構造パラメータについての洞察を得ることに興味を持つ経済学者にとっては、これらの経験則が当てはまらない場合もある。つまり、ある処置に少しでも効果があるかどうかが、政策的含意とは関係なく、経済学の観点から本質的な関心の対象である場合もある[13]。

　アウトカムの平均値と標準偏差のデータが入手できない際の簡略的な方法は、MDE の大きさをアウトカムの標準偏差の倍数として直接特定することだ。Cohen（1988）は、標準偏差の0.2倍を「小さな」処置効果、0.5倍を「中くらいの」処置効果、0.8倍を「大きな」処置効果として提案している。残念ながら、標準偏差の大きさの検討がつかなければ、この大、中、小の区別が実用的な意味を持つかどうか分からないが、少なくとも所定の実験設計における検出力については多少の見当はつく。さらに、推察した情報を統計ソフトなどに入力することで、異なるシナリオに応じて検出力を計算することができる[14]。

　最後の問題は、研究者が目指すべき検出力のレベルについてであり、より一般的には、検出力計算をどう利用するかという問題である。第一に、検出力計算は、所定の検出力（RCT に関する多くの資金提供機関は80％〜90％を適切なターゲットとしている）を確保するのに必要なサンプルサイズを決定する

---

13)〔訳注〕経済学の学術的な観点から理論検証等を目的に実験を行う場合には、ここで議論されている費用対効果を無視して、小さな効果でも検出できるようサンプルサイズが決定される場合もある。

14)〔原注〕"Optimal Design"はこのような検出力計算を実行する無料のツールである（これについては、Raudenbush et al.［2005］を参照されたい）。

ため、事前に行われるべきである。しかしながら、サンプルサイズの決定は、予算や実施の際の制約条件によって大部分が左右されることが多い。その場合でも、検出力計算によって研究者は特定の実験設計の検出力を評価することができるため、検出力計算の第二の利用法として、プロジェクトに着手するかどうかの判断指標として役立てることができる。ここで、「研究者は検出力が低い場合でもそれを受け入れ、実験を実施するべきか否か」という疑問が自然と生じるが、それに対する明確な答えはない。「検出力が低いということは、その実験から意味のある結果を得るチャンスがほとんどないということであり、実施する価値はない」と主張する人もいる。しかしながら、社会的観点（特にベイジアンまたは意思決定論的観点に依拠している場合）から言えば、上述のような実施不要論者は、「いかなる特定の研究も、そのトピックにおいて実施されうる数多くの実験のなかのひとつに過ぎない」ということを忘れがちである。ある問いに対する答えを明らかにするためには、最初の数件の研究事例が特に重要であり、すなわち千里の道も一歩から始まるのである。また、検出力の低い実験から得られる結果でも、それらを組み合わせることで、より大きな検出力を持つメタ分析を実施することが可能である。これは完全に個人的な意見だが、それでもなお、いかなる実験においても固定費用（実験全体やアンケートなどの設計にかかる費用）が発生することを考慮すると、ほとんどの場合において検出力の低い実験は個々の研究者にとってはもっとも回避すべきものであろう。

　検出力計算の第三の利用法は、与えられた予算内で最大の検出力を達成するために、実験の設計時にそれを活用することだ。検出力計算を利用することで、例えば、「事前調査を行う価値があるか？」や、「層化を取り入れた実験設計においては、調査費用やグループ内相関を考慮した上で、層の数や各層内のサンプルサイズをどの程度に設定すべきか？」、「処置群が複数ある実験設計においては、異なる処置群にどれだけ被験者を割り当てるべきか？」、「与えられたサンプルサイズのなかで、いくつの処置効果を確実に評価することができるか？」などの疑問に答えることができる。もちろん、これら設計上の選択は、推定精度の観点だけに基づいて決定されるものではない。次の章では、より詳細にそれらを議論する。

第5章

実際の調査設計と実施にあたっての留意事項

　本章では、RCT を行う際に直面しがちな調査設計上や実施上の留意事項について考察する。まず、ランダム化を個人に対して行うのか、より大きな集団に対して行うのか、といったランダム化の単位の選択から論じることとする。そして、同じサンプルに対して同時に複数の処置を行う場合について、それらの効果を分析するための横断的手法について考察する。

5.1 ランダム化の単位

　実際の調査設計において重要なのは、ランダム化する際の介入単位を、個人、家族、村、地域等のいずれに設定するかである。アメリカにおける初期の社会実験では個人単位でランダム化を行っていたが、発展途上国における評価では、集団単位でランダム化を施すことが多い[1]。コミュニティ全体に影響を与えることを目的とした介入などでは、こうしたランダム化の単位に関する議論は必要ない。例えば、Chattopadhyay and Duflo（2004）では、地方議会における女性の主導的地位の確立について研究したが、ここではランダム化を「グラム・パンチャーヤット（gram panchayat）」という複数の村落を包含する地方議会の単位で行う必要があった。したがって、あるグラム・パンチャーヤットの傘下にあるすべての村落は、処置群か対照群のいずれか一方にまとめて割り当てられてしまうため、村落単位でランダム化する余地は生じなかった。

1）〔原注〕アメリカにおけるランダム化実験については Bloom（2005）を参照のこと。

しかし、社会実験における介入の多くは、ランダム化の単位を個人に設定することもできれば集団にすることも可能であり、しかもその選択基準が常にはっきりしているわけでもない。例えば、虫下し薬配付プロジェクトの初期におけるランダム化は、学校内の個人に対して行われたが、Dickson and Garner（2000）、Miguel and Kremer（2004）は、同様のプログラムを学校単位で段階的に実装していった。また、クラスにおいて介入を実施する場合には、学校単位（例えば、処置群の学校には教科書やフリップチャートを供与するなど）でも個々の学生単位[2]でも、ランダム化は可能であろう。

ランダム化の単位の設定に融通が効く場合には、いくつかの点に注意する必要がある。まず1つ目に、4.2節で考察したように、ランダム化の対象とする集団が大きくなるほど、必要な検出力を得るためには、より大きなサンプルサイズが必要になる。このように、ランダム化の単位は評価の財政的・事務的な負担に大きな影響を与えうるため、個人単位でのランダム化が可能な実験は魅力的であるといえる。

2つ目に、処置群から対照群に波及効果があると、処置効果の推定量にバイアスがかかってしまうため、このような場合には、ランダム化はバイアスの影響を把握できる単位で行うべきである。Miguel and Kremer（2004）は、虫下し薬の効果について、集団単位でランダム化して評価した場合に、個人単位でランダム化した従来の評価よりも、より大きな処置効果が検出できることを発見した。寄生虫感染症が子どもたちに容易に蔓延するため、個人単位でランダム化を行った場合は対照群の子どもも処置群の子どもからいくらか恩恵を受けており、処置群と対照群におけるアウトカムの差が実際よりも結果として弱められてしまっていたことを示している[3]。このような波及効果の影響は、より大きな集団単位でランダム化する場合でも皆無とは言えないが（例えば、Miguel と Kremer もサンプルにおいて学校間の波及効果があった

2）〔原注〕例えば、テネシー州の STAR（Student/ Teacher Achievement Ratio）プロジェクトの実験では、学校の学生が大規模クラス、小規模クラス、および教員助手付のクラスに無作為に割り当てられた（Krueger and Whitmore 2002）。

3）〔訳注〕つまり、虫下し薬を服用した処置群の子どもが服用していない対照群の子どもと同一のコミュニティ内に存在することで、子どもから子どもへの寄生虫感染が抑えられ、結果として対照群の子どもまでも処置効果の便益を享受したのである。

ことを認めている）、概ねその波及効果は小さいものであるといえる。この点
は、大きな波及効果が発生するような場合、それを吸収できるような集団を
単位としてランダム化を実施すべきという意味で、ひとつの論点になってい
る。その他に発生しうる外部要因にまつわる問題としては、対照群に属する
個人が「将来的に処置を受けられるだろう」という期待のもと、行動様式を
変容させてしまうことが挙げられる。また、村落単位のランダム化において
は、処置群の存在さえ認識しないまま対照群を抜け出してしまうことも容易
に想定される。

　3つ目に、たとえ大きなサンプルサイズが必要になったとしても、集団単
位でのランダム化は、実現可能性の観点からみて、実施が遥かに容易な場合
がある。これにはいくつかの理由があるが、まず、各対象地域における介入
費用のうち固定費用が多くを占める場合には、多くの人に処置を受けてもら
うことで費用対効果が高くなる。例えば、Banerjee と Duflo、Glennerster
は、村落単位での鉄分補給手法について評価している。本評価においては、
小麦粉に鉄分を混入させ栄養価を高める製粉ができるよう、地元 NGO が村
の製粉業者を養成し、それを供給している。ここで、養成された製粉業者を
村落内の一部だけが利用するような実験設計とした場合、介入にかかった初
期導入費用（製粉業者養成に要した固定費用）が完全には活用されないことに
なるであろう[4]。

　集団単位でのランダム化が好まれる別の理由として、個人単位でのランダ
ム化を行うプログラムでは、処置群に選ばれること自体が魅力的なこととし
て村落や近隣で認識され、それにより処置群に選ばれなかった個人がプログ
ラムの実施機関に対して反感を持つ恐れがあることが挙げられる。このよう
な事態が想定される場合、実施機関は当該評価への参画を断るか、たとえ参
画したとしても、当初設計した通りには調査を実施できないかもしれない。
また、このようなプログラムにおいては、対照群が処置群に入り込んでしま
うことも起こりうる（例えば、テネシー州の STAR プロジェクトの実験では、

4）〔訳注〕つまり個人単位でのランダム化は費用効率的ではないということ。村落単位
　のランダム化であれば、処置群の村落のみ製粉業者の養成を行えば良く、費用面の効率
　が良くなる。

大規模クラスに割り当てられた学生が、小規模クラスに入り込んでしまうことがあった）。理由として、対照群に属する個人が、実験開始後に処置群が受けている処置を目の当たりにしているうちに、自分もなんとか処置を受けようと試みたり、現地の実施スタッフが（意図せざる場合も含めて）ランダム化された初期割当の通りに処置を実施しなかったりすることが挙げられる。研究チームにとっては、当初のランダム割当に従って村落全体が処置を受けることを確実にした方が、個人への処置状況を厳しく監視することに比べてはるかに容易なのである。

5.2 横断的手法について

RCT が多く用いられるようになった理由の 1 つとして、横断的（要因的）手法の利用増が挙げられる。横断的手法では、それぞれの処置が互いに独立となるようにランダム化を実施することで、複数の異なる処置について同時に評価することができる。Kremer（2003）はケニア西部の教育現場で行われた同種の実験について記述している。

横断的手法については 2 つの方法がある。まず、複数の介入や、異なる介入の組み合わせについて、対照群と比較した時や介入間で比較した時の処置効果の大きさを推定する際に用いることが可能である。また、横断的手法を用いることで、介入間に大きな相互効果があるかどうかも検証することができる。政策立案者は、アウトカムを変化させるために、多様な戦略を用いたがるものである。例えば、これまでに考察したプログレサの事例では、現金の給付や女性へのリソース再配分、報奨金制度など、複数の要素を組み合わせて実施されていた。政策的な視点に立てば、メキシコ政府がプログレサを継続するかどうかを判断する場合には、プログレサ全体の効果を評価すれば十分であろう。しかし、被験者の行動様式について明らかにし、政策的な目的としてプログレサのどの要素を拡大すべきか理解するためには、プログレサ全体のうち報奨金提供が必要なのか、男性ではなく女性に資金を配分すべきなのか等の要素別の効果について把握しておきたいであろう。原理的には、プログレサの多様な要素の効果について解明するために横断的手法が用いら

れていてもおかしくなかったのである。

仮に、介入 A と介入 B について横断的手法を用いる場合には、介入なし（純粋な対照群）、介入 A のみ、介入 B のみ、介入 A・介入 B の組み合わせ（完全な処置群）といった 4 つのグループを作ることになる。介入 B 単独よりも介入 A と組み合わせることで異なる効果を持つかどうかを分析したい場合には、介入 A と介入 A・B の組み合わせ、および介入 B と介入 A・B の組み合わせについて、それらの処置効果を統計的に識別するのに十分なサンプルサイズを用意する必要がある。4 章で考察したように、完全な介入群と純粋な対照群については、介入 A のみの群と介入 B のみの群よりも大きいサンプルサイズを設ける必要がある点に留意せねばならないだろう。

このような横断的手法の実施において、膨大な費用が掛かる場合や莫大なサンプルサイズを要する場合、複合プログラム（介入 A・介入 B の組み合わせ）を評価するべきか、2 つの項目を別々に評価するべきかが、実施上の論点となる。政策立案者は、介入 A・介入 B の組み合わせが介入 A もしくは介入 B を単独で実施する場合に比べてより大きな効果を発揮しやすく、拡大される潜在性がより高いことから、複合プログラムを評価したがるだろう。

経済学者の視点に立てば、複数の介入を組み合わせた複合プログラムを評価するデメリットは、処置効果に対してプログラムのどの要素が貢献したのかを把握することが困難で、ひいては「複合プログラム全体が機能した」ということ以上の示唆を得るのが難しいことである。一方で、複合プログラムを評価するメリットは、複数の介入を組み合わせることで効果が大きくなりやすくなり、アウトカムに対して介入が実際に影響を与えたことを示せることが挙げられる。関心のあるアウトカムに対して複合プログラムのどの要素が影響を与えているのか分からない場合、まず複合プログラム全体について評価した上で、そこで機能した多様なメカニズム（複合プログラムにおける各要素）について解明する調査研究を引き続き実施することに意義はあろう。ランダム化に関する初期の研究では、ある介入の影響を受けやすいものの、他の介入の影響は受けにくいと考えられる媒介変数を用いて、介入のどの部分が効果的だったのかを明らかにしようとした。例えば、既に紹介した虫下し薬配付プログラムのパイロット段階（Miguel and Kremer 2004）では、虫下

し薬の配付と病気を予防するための子どもへのアドバイス（靴を履くことや手を洗うことなど）という2つの介入が組み合わされていた。そこで、処置群の学校において行動様式に関する変数を収集したところ、行動様式が変化しなかったことを示す結果が得られた。これは、介入の効果が、虫下し薬の配付によるものであったことを強く示す結果である[5]。

　ランダム化に関わる主な費用は、事前調査とアウトカムの測定の際に生じるものである。したがって、仮に介入間の潜在的な相互作用を測定することに関心がない場合でさえ、複数の仮説を検定するのであれば、多少の費用増加を伴うだけで横断的手法を用いることができる。この場合、全体のサンプルサイズは、MDE に対して十分な検出力を確保できるくらいの大きささえあればよいのである。Banerjee et al.（2007）は、同一サンプル（インドのヴァドーダラーの市立学校）を用いて、補習教育とコンピュータの支援を利用した学習の効果について検定した。先述したように、サンプルのうち半数の学校では、4年生に対して補習教育を導入した。また、補習教育プログラムの処置状態に応じて層化しつつ、サンプルのうち半数の学校では、同じく4年生に対してコンピュータ支援による学習プログラムを導入した[6]。双方のプログラムの効果の測定には、同一のテスト成績を用いた。

　この事例の場合、補習教育による処置効果は、「半数の学校においては、コンピュータ支援による学習プログラムも導入された」という条件付きの効果となる。こうした効果検証は、コンピュータ支援による学習プログラムを拡大する可能性が将来的にほとんどなく、かつ補習教育の効果がコンピュータの有無で大きく異なったのであれば、問題となり得ただろう。しかしこの事例では、2つのプログラムは相互に全く影響しなかったと考えられたため、2つのそれぞれの処置効果の外的妥当性に悪影響が出ずに済んだのである[7]。

　評価にかかる費用を大きく削減することから、横断的手法は開発経済学分

5）〔訳注〕2つの介入のうち、病気を予防するためのアドバイスに効果があったのであれば、子どもたちの行動様式にも変化が表れているはずである。しかしそれが確認されなかったということは、虫下し薬の配付に効果があったことが推察される。

6）〔訳注〕つまり4つのグループが作られ、補習教育とコンピュータ支援の両方の処置を受けるグループ、補習教育のみを受けるグループ、コンピュータ支援のみを受けるグループ、いずれの処置も受けないグループのいずれかに割り当てられる。

野における近年の RCT の隆盛を引き起こす鍵であったと言える[8]。また、研究リソースの限られた大学院生などが、大規模プロジェクトの一部の追加的な処置として、ランダム化を用いた研究プロジェクトを実現することにもつながっている。例えば、Duflo et al.（2006）は、横断的手法を用いて、リスクの高い性行為への対策として、ケニアの教員への HIV/AIDS 研修の効果と、教育費用の抑制による子どもの就学期間の長期化の効果について評価している。Dupas（2006）は、博士論文の一部で、上述のプロジェクトを実施した NGO の協力を得て、追加的な介入を設計、実施し、それについて評価した。この「追加的な介入」では、10代の若者に対して、HIV/AIDS の年齢層別の相対罹患率について情報提供を行った。この介入自体はとても安価に実施でき、本来のプロジェクトに追加する際も最低限の費用しか発生しなかった。データの収集については、非常に高額な費用を通常要するが、本来のプロジェクトの一環として必要なデータを収集することができた。そして、この罹患率の情報提供という介入は、妊娠率（リスクの高い性行為の指標）を引き下げるのに、通常の教員研修プログラムよりも効果的であることが分かった。このことは、通常の教員研修プログラムに罹患率の情報提供を追加することによって、リスクの高い性行為をより効果的に減少させることができることを示している。

　この事例から明らかであるように、横断的手法の利点として最後に挙げられるのは、特定のアウトカムを達成するための複数の異なる介入の効果を比較できる点にある。既に考察したように、プログラム評価において完全な厚生の分析は困難であるが、これが一応は次善の策であると言えよう。

7）〔訳注〕例えば補習教育とコンピュータによる支援に相乗効果があり、それぞれのプログラム単独では効果は小さいが、両方の処置を受けた場合にのみ遥かに効果が大きくなるような場合には、補習教育を受けたグループと受けなかったグループを比較した結果を補習教育の（単独の）効果として評価することは適当ではない。補習教育を受けたグループのうち半数はコンピュータによる支援も受けており、これらが合わさった結果高い効果が生み出されていると考えられるためである。

8）〔原注〕Kremer（2003）に記載されたケニアの教育における実験の多くは、横断的手法を用いたものである。

5.3 データ収集

　特定の調査設計ごとの留意点については既に多くの文献で網羅されているため、本章では議論しない（例えば、Deaton [1997] などを参照されたい）。ここでは、収集すべきデータの種類と、事前調査の価値、そして行政データの利用についてみていく。

5.3.1　事前調査の実施

　データ収集に関して研究者が対処しなければならない最初の問題のひとつが、事前調査の実施の有無である。ランダム化を行えば処置群と対照群の特性は類似することが期待されるため、原則として事前調査は不要だが、事前調査の実施が推奨される場合もある。

　まず、既に考察した通り、事前調査によって、最終的なアウトカムのばらつきを減少させ、ひいては必要なサンプルサイズを小さくするような制御変数を見つけ出すことができる。評価費用の観点から言えば、事前調査を実施するかどうかのトレードオフは、言い換えれば、介入費用、データ収集費用、および事前調査で収集し得るデータが、最終アウトカムにどういった影響を与えるかを比較することと同義である。介入費用が大きくデータ収集費用が小さい場合には、事前調査を実施することで、全体の調査費用を削減することができるだろう。一方で、介入費用が小さくデータ収集費用が大きい場合には、事前調査を行わずに大規模な RCT を実施する方が、費用対効果がよい。

　事前調査の実施を検討する際には、費用面だけでなく、もたらされるメリットについても考慮すべきである。まず 1 点目として、事前調査によって初期条件とプログラムの効果との間に存在する相互作用について検証することができる。これは多くの事例において、外的妥当性を評価する際に極めて重要な意味を持つ。また 2 点目として、事前調査によって後のランダム化が適切に実施されたかどうかを検証することができる。そして 3 点目として、事前調査におけるデータ収集を通じて、本調査におけるデータ収集プロセスが妥当かどうかを検証し、場合によっては改良することもできる。

第 5 章　実際の調査設計と実施にあたっての留意事項　*61*

　他の方法として、事後調査の際に介入前のデータを過去に遡る形で収集するという手段もあるが、プログラムが介入前の変数に影響を与えていなかったとしても、回答者の「記憶」に影響する可能性はあるため、通常は受け容れられない。場合によっては、事前調査の代わりに十分な行政データが利用できるケースもあり、それらをランダム化の妥当性の検証や、処置効果の有意性を検証するための制御変数に利用することもできる。

5.3.2　行政データの利用

　処置に関する情報とリンクしている行政データ（行政等の実施機関によって通常業務の一環として収集されるデータ）を利用することで、データ収集にかかる費用とサンプルにおける脱落[9]の発生を大幅に抑制できる。行政データの利用は、先進国を対象とした研究においてより一般的であるが、発展途上国における研究の場合であっても、行政データを利用できることがある。例えば、Angrist, Bettinger, and Kremer（2006）は、教育クーポンのくじのデータをコロンビアにおける高校卒業試験や大学入試のデータにリンクさせることで、教育クーポンプログラムの中期的影響について評価した。

　しかし、このような場合に重要となるのは、処置群と対照群の間でデータを比較できるかどうかである。例えば関心のあるアウトカムが、プログラムの一部としてプログラムが実施される区域でのみ収集される場合がある。処置群のアウトカムはプログラムのなかで収集し、対照群に対してのみ新規調査を実施することによって、データ収集にかかる費用を削減することは魅力的であろう。しかし、こうした方法では、処置群と対照群におけるデータ収集手法が異なるため、処置効果にバイアスがかかることにも繋がる。例えば、Duflo and Hanna（2006）は、未認可の学校において、教員の出勤状況に基づく報奨金制度の影響を検証した。処置群の学校では、データと時刻が掲載された写真を用いて毎日の出勤状況を記録することができた一方で、対照群の学校では、抜き打ち訪問によって出勤状況を確認せざるを得なかった。結果として、データ収集方法における均質性を担保するため、両群の学校にラ

---

9 ）〔訳注〕6.4節参照。

ンダムに訪問することで教員の出勤状況を確認し、処置効果を評価した。実際のところ、写真によって毎日記録された平均的な欠勤割合は、無作為の訪問によって記録された欠勤割合と異なっていた。

　また、プログラムの実施が変数そのものではなく、当該変数の「測定」に影響を与える場合があることにも注意が必要である。ある評価において、関心のあるアウトカムが潜在的変数（学習など）であり、それは別の代理変数（テストスコアなど）を用いることで（完全にとは言えないが）代用できる場合を想定しよう。多くの場合、潜在的変数と代理変数の関係は、プログラムの影響を受けていないことが多いだろう。しかし、プログラム自体が代理変数に影響を与えてしまうようなインセンティブを持つ場合は、潜在変数と高い相関関係にあるがプログラムによるインセンティブからは影響を受けないような他の代理変数を用いて、介入の効果を測定することが望ましい。例えば、Glewwe and Kremer（2007）は、地域テストの成績に基づいた教員報奨プログラムの評価において、（教員の報奨を決定する）地域テストの成績を収集するだけでなく、「利害の小さい」NGO が実施したテストの成績も収集したが、これにより独立した測定方法で「学習」という変数を測定することができた。

第 **6** 章

「完全なランダム化」が
行われない場合の分析

この章では、RCT を設計する際の内的妥当性に関する潜在的問題や、その対処法（分析前の除去方法、または分析後の対処方法）について議論する。特に、層別に割当率が異なる場合のデータ分析方法、不完全コンプライアンスが存在する場合の RCT 分析、外部性、脱落について説明する。

■ 6.1 割当率が層別に異なる場合

最初に扱う「完全なランダム化」でないケースは、観測可能な変数でランダム化が条件付けられており、観測可能な変数の値によって割当率が異なる場合である。4.5節において、処置効果の推定量の分散を減らすためのブロック化（層化）デザインについて議論したが、その際、処置群と対照群への被験者の割当はすべてのブロック（層）において同じであった。しかし、割当率が層ごとに異なる場合も存在する。例えば、既に説明したコロンビアの教育クーポンプログラムを例に挙げると、それぞれの市において当選者数が決まっており、ランダム化は市ごとに行われている。したがって、応募総数に対する当選者の比率もそれぞれの市で異なり、サンプル全体で当選状況がランダム化されているわけではない（例えば、ある一定の当選者の枠数に対しボゴタ市での応募総数がカリ市より多い場合、ボゴタ市では非当選者の数が多くなってしまう）。しかしこの場合でも、それぞれの市内ではランダムである。言い換えれば、処置状況は、観測可能な変数集合（層：この場合は「市」）に条件付きでランダム化されている。

T を処置の状況、X を層を表すダミー変数集合とすると、観測可能な変数

による条件付きランダム化は、

$$E[Y_i{}^c|X, T] - E[Y_i{}^c|X, C] = 0$$

すなわち、

$$E[Y_i|X, T] - E[Y_i|X, C] = E[Y_i{}^T|X, T] - E[Y_i{}^c|X, T]$$

したがって、

$$E_x\{E[Y_i{}^T|X, T] - E[Y_i{}^c|X, T]\} = E[Y_i{}^T - Y_i{}^c|T]$$

が関心のある変数である。さらに、これは以下のようになる。

$$E_x\{E[Y_i{}^T|X, T] - E[Y_i{}^c|X, T]\} = \int \{E[Y_i{}^T|x, T] - E[Y_i{}^c|x, T]\} P(X = x|T) dx$$

　つまり、X が離散型の時、層ごとに処置群と対照群の被験者を比較でき、さらに各層の処置群の被験者の割合を基に加重平均を求めることが可能である。これにより、処置を受けた被験者が、平均的にどれだけの効果を受けているかを測定できる。また、すべての被験者が処置を受けた層、もしくは受けなかった層は分析の対象外となる。この方法は、事前に定められた条件に基づきランダム化を実施する際は、いつでも適用可能な方法である。別な方法としては、T のアウトカムである Y を測定する OLS 回帰式のなかで、単純に X を制御すればよい。しかし、関連するダミー変数をすべて回帰式に含めなければならないことに注意する必要がある。例えば、プログラムを受けることができる確率が「市」と「収入（2つの収入区分：富裕層／貧困層）」の両方で決まる場合、「市」と「収入区分」およびそれら2つの交差項のすべての組合せを X に含めなければならない。

6.2 不完全コンプライアンス

　場合によっては、処置群に割り当てられたすべての被験者に介入が行きわたるように評価が設計されており、完全コンプライアンスに近い状態が実現

されるように、細心の注意が払われているケースがある。例えば、3章で紹介したインドネシアでの鉄分補給実験がこれにあたり、そこではコンプライアンス率が92%を超える（Thomas et al. 2003）。一方で、完全コンプライアンスを期待できない場合も数多く存在する。処置群のほんの一部の被験者しか処置を受けないケースや、反対に対照群に割り当てられた被験者が処置を受けてしまう場合もある。これが、不完全コンプライアンスと呼ばれる状況である。

　不完全コンプライアンスは一般的に、実験者が対照群の行動を完全に制御できないことが原因で発生する。鉄分補給実験の例において、何名かの被験者は、いざ実験が始まれば鉄分サプリが補給できない対照群に半分の確率で割り当てられることを恐れ、実験開始前に鉄分サプリを補給する人もいれば、開始後も補給し続けていたりする可能性がある。たとえ処置群に割り当てられたほぼすべての被験者が処置を受けたとしても、対照群の何名かが同様の処置を受けてしまえば、完全コンプライアンスではなくなってしまう。場合によっては、対照群の被験者が、プログラムによって直接処置を受けてしまうこともある。例えば、「学校」を層としたランダム化においては、処置群に対して実施されているプログラムから便益を受けようと、自発的に対照群を脱して処置群に移る生徒が現れるかもしれない。有名なテネシーのSTAR 学級規模評価では、大規模クラスに割り当てられていた子どもの一部が小規模クラスに移ってしまった（Krueger and Whitmore 2002）。

　同様に、処置群の被験者全員にコンプライアンスを期待することが不可能な場合もある。虫下し薬配付プログラムの例を挙げると、当該プログラムにおいては、虫下し薬が配られる当日に出席した子どものみが薬を受け取ることができた。当日欠席した子どもまで捜し出して虫下し薬を飲ませることは非常にコストがかかることから、処置群に属するすべての子どもが薬を飲んだわけではないのである。

　多くの場合、完全コンプライアンスを前提にランダム化実験は実施されない。例えば、課税繰延口座に関する情報説明会の効果を評価したプログラムでは、説明会への参加を促すために、処置群に属する被験者に対して金銭的インセンティブを提供しているが、処置群と対照群に属する被験者のどちら

でも、説明会への参加は自由であった（Duflo and Saez, 2003）。説明会への参加率は、金銭的インセンティブを提供するレターを受け取った処置群で19%、受け取らなかった対照群で6%と、その差（13%ポイント）は非常に大きく統計的にも有意だが、完全コンプライアンスからは程遠かった。

　この実験における手法は、処置群の被験者にレターを送付しただけである。しかし、評価主体である福利厚生部局としては、情報説明会自体の効果に関心があった。より一般的に言うと、我々は処置の効果自体に関心がある場合が多いが、ランダム化が影響を与えるのは処置自体ではなく、被験者が処置を受ける「確率」に対してのみである。

　選択バイアスを避け有効な分析を行うためには、ランダム化によって作り出されたもともとの処置群と対照群に対して分析を行う必要がある。実験者は、被験者の実際の行動や処置状況に関わらず、はじめに処置群に割り当てられたすべての被験者と、対照群に割り当てられたすべての被験者を比較する必要がある。また、ランダム割当の結果として起きてしまったであろう被験者の行動によって、当該被験者を分析から除外してはならない。そうすると誤った結果を導き出してしまう恐れがある。実際、カンボジアにおいて政府の医療サービスを NGO に外部委託したプログラムの効果を評価した複数の初期の調査研究において、この問題が起きている（Keller and Schwartz 2001; Bhushan, Keller, and Schwartz 2002; Schwartz and Bhushan 2004）。これらの調査研究では、1997年の事前調査および2001年の中間調査の結果から、委託契約を実施した地区ではそうでない地区に比べ、医療サービスの改善がより顕著であることが明らかになった。しかし、2001年の中間調査では、はじめに処置群に割り当てられた全8地区のうち、予定入札額の範囲内での応札がなかった3地区に関してはデータが収集されていない。したがって、予定入札額の範囲内での入札があった地区とそうでなかった地区で、アウトカムに影響するような観測されていない変数に差があるならば、いかなる推定量もバイアスがかかってしまう。例えば、委託目標を達成しやすい地区に入札するような傾向が委託先にみられる場合、プログラムの効果は実際より過大評価されていたかもしれない。Bloom（2006）らは、最終的な処置状態に関わらず、処置群と対照群にはじめに割り当てられた地区すべてのデータを収集・

比較することで、先行研究におけるこの問題を修正した。

ランダム化の状況と実際の処置状況が違う場合、ランダムに割り当てられた変数を Z（例えば、20ドルのインセンティブ付きレターが大学職員に送付されたかどうか）とし、T を本来の処置状況（例えば、実際に情報説明会へ参加したかどうか）とする。また、$Y_i(0)$、$Y_i(1)$ をそれぞれ $Z = 0$、$Z = 1$ の場合の被験者の潜在アウトカムとする。

ランダム割当により、$\mathrm{E}[Y_i(0)|Z = 1] - \mathrm{E}[Y_i(0)|Z = 0]$ はゼロに等しく、差分 $\mathrm{E}[Y_i|Z = 1] - \mathrm{E}[Y_i|Z = 0]$ は Z の Y に対する因果効果に等しい。しかし、Z と T は等しくないため、これは処置効果 T とは異なる。Z は処置状況には少なくとも影響を与えているため、この差分（$\mathrm{E}[Y_i|Z = 1] - \mathrm{E}[Y_i|Z = 0]$）は ITT（Intention to Treat）推定値と呼ばれる。

実際多くのケースで、ITT は関心のある（分析者が知りたい）推定値である。先の虫下し薬配付プログラムを例に挙げると、政策立案者が学校を拠点に実施するプログラムの費用対効果に関心があり、かつ家庭での生徒の状況まで追跡することが現実的でない場合、プログラムの有効性に関する推定値は、「虫下し薬の配付日にすべての生徒が必ずしも学校に来ているわけではない」という事実を考慮する必要がある。この場合、関心のある推定値はITT となる。

しかしながら、割り当て（Z）の効果ではなく、プログラム T の効果そのものについて関心がある場合も多い。特にこれは、政策として全面展開するために評価を行っているのではなく、今後別の手段によってプログラムが提供される可能性がある場合に当てはまる。先の鉄分補給実験がこの例に該当し、鉄分サプリを被験者に届けた上でコンプライアンス（鉄分サプリの摂取）まで監視することは、現実的な政策手段ではない。例えば、食材の栄養価を高めるなど、より安価に鉄分を供給する手段は他にも存在する。そのためこの実験において、政策立案者と研究者は、処置に従った被験者（鉄分サプリを摂取した被験者）に関する鉄分サプリの効果に関心があったのである。

次節では、不完全コンプライアンスの際に処置 T の因果効果について何が言えるか、また関心のある処置 T のためにランダム化される操作変数 Z について議論する。この内容は、Angrist and Imbens（1994, 1995）とその関

連研究で扱われており、以下の議論は彼らの研究に基づいている。

6.2.1 ITT から ATE（平均処置効果）へ

まずはワルド推定量（「ITT 推定量」と「処置群で処置を受けた被験者の割合と対照群で処置を受けた被験者の割合の差」の比率）を考える。

$$\beta_W = \frac{E[Y_i|Z_i = 1] - E[Y_i|Z_i = 0]}{E[T_i|Z_i = 1] - E[T_i|Z_i = 0]} \tag{16}$$

このワルド推定量は、(2)式においてダミー変数 Z を処置 T の操作変数として使用した場合の、β の IV（操作変数）推定量である。Imbens と Angrist は、以下の 2 つの仮定の下で、このワルド推定量は、操作変数 Z によって処置を受けるように誘導された被験者に対する平均処置効果として解釈できることを示した。

その 2 つの仮定は以下の通りである。

1．独立性： $Y_i{}^C, Y_i{}^T, T_i(1), T_i(0)$ は、Z から独立、かつ
2．単調性：すべての i について、$T_i(1) \geqslant T_i(0)$ または $T_i(1) \leqslant T_i(0)$ を満たす。

独立性に関する仮定には、以下の 2 つが含まれている。第一は、操作変数が異なる値を取る被験者間のアウトカムの差は、操作変数自体の因果効果を示していることである。操作変数がランダムに割り当てられていれば、この仮定は成り立つ。第二は、潜在アウトカムは、操作変数による直接的な影響を受けないことである。この仮定は、RCT において必ず成り立つというわけではないため、注意深く検証する必要がある。

単調性に関する仮定については、例えば鉄分補給実験において、処置群に割り当てられた各被験者は、対照群に割り当てられた場合よりも鉄分サプリを摂取する確率が高くなる必要がある。単調性に関する前提は実験ごとに検証する必要があるが、成立する場合が多い。

(16)式を変形すると、以下のようになる。

$$E[Y_i|Z_i = 1] - E[Y_i|Z_i = 0]$$
$$= E[T_i(1)Y_i^T + (1 - T_i(1))Y_i^C|Z_i = 1] - E[T_i(0)Y_i^T + (1 - T_i(0))Y_i^C|Z_i = 0]$$
$$= E[(T_i(1) - T_i(0))(Y_i^T - Y_i^C)] + E[Y_i^C|Z_i = 1] - E[Y_i^C|Z_i = 0]$$

独立性の仮定により、上式は、$E[(T_i(1) - T_i(0))(Y_i^T - Y_i^C)]$ に等しい。さらにこれは、以下のように展開できる。

$$E[-(Y_i^T - Y_i^C)|T_i(1) - T_i(0) = -1]P[T_i(1) - T_i(0) = -1]$$
$$+ E[(Y_i^T - Y_i^C) \times 0|T_i(1) - T_i(0) = 0]P[T_i(1) - T_i(0) = 0]$$
$$+ E[Y_i^T - Y_i^C|T_i(1) - T_i(0) = 1]P[T_i(1) - T_i(0) = 1]$$

最初の項は、単調性の仮定に基づき消去できる。第二項もゼロがかけられているため、消える。したがって、これを以下のように簡素化することができる。

$$E[Y_i^T - Y_i^C|T_i(1) - T_i(0) = 1]P[T_i(1) - T_i(0) = 1]$$

加えて、

$$P[T_i(1) - T_i(0) = 1] = P[T_i(1) = 1, T_i(0) = 0]1[T_i(1) = 1, T_i(0) = 0]$$
$$= 1[T_i(1) = 1] - 1[T_i(0) = 1]$$

期待値をとり、

$$P[T_i(1) - T_i(0) = 1] = E[T_i(1)] - E[T_i(0)]$$
$$= E[T_i|Z = 1] - E[T_i|Z = 0]$$

ゆえに、(16)式を以下のように表すことができる。

$$\beta_W = \frac{E[Y_i|Z_i = 1] - E[Y_i|Z_i = 0]}{E[T_i|Z_i = 1] - E[T_i|Z_i = 0]}$$
$$= E[Y_i^T - Y_i^C|(T_i(1) - T_i(0)) = 1]$$

単調性および独立性の仮定の下で、ワルド推定量は「操作変数により処置を受けるように誘導された被験者」の処置効果を表しており、これは局所平均

処置効果（Local Average Treatment Effect: LATE）としても知られている（Angrist and Imbens 1994）。これらの被験者は、ランダムに割り当てられた操作変数がない場合は処置を受けないが、操作変数によって処置を受けるように誘導された者たちである。彼らはしばしば「コンプライアー」とも呼ばれる。

　対照群に属する誰もが処置を受けない、すなわち $T_i(0) = 0$ の場合は特別である。この時、ワルド推定量は「処置群における処置効果（effect of the treatment on the treated）」を表す。例えば、バルサキプログラムの2年目において、はじめは処置群に属しておりバルサキを割り当てられるはずの学校でも、そのうちいくつかについてはバルサキの割り当てがなかった。最初に処置群および対照群に割り振られた全生徒のテストスコアの平均の差を、はじめに処置群に割り振られかつ実際に処置を受けた学校の割合で割った値は、実際にバルサキを割り当てられた学校に通う生徒に対するバルサキプログラムの効果の平均値である。処置群に属しながら実際はバルサキの割り当てがなかった学校とバルサキのあった学校は異なっているため、推定された効果はすべての学校に対するバルサキプログラムの効果とは言えないかもしれない。

　もうひとつの特別なケースは、処置群に属する被験者のすべてが処置を受けた、すなわち $T_i(1) = 1$ の場合である。これは、応募者リストのなかから当選者を選び処置を受けさせるような「応募超過法」型の場合によく起こる。以下で議論する注意点にもよるが、このケースのワルド推定量は、操作なしでは処置を受けなかった被験者に対する処置効果を表す。

　したがって、ランダム化が処置群・対照群の不完全な割り当てしか作り出さない場合でも、有意義な因果関係を見出すことが可能である。しかし、推定された平均因果効果は、母集団全体のそれと必ずしも一致するわけではない。状況によって、それは関心のある母集団の一部に対する効果を表しているだけかもしれない。ランダム化により特定の処置を受けるように誘導された被験者は、既にその処置を受けてしまっている人々や、別の政策介入によりその処置を受けるように誘導された人々とは異なるかもしれない。言いかえれば、この場合、コンプライアーに対する因果効果の推定量にバイアスは

生じないが、また別の選択バイアスが生じるのである[1]。

　コンプライアーは政策によって影響を受けやすい人々であるため、まさしく政策立案者にとって関心のある対象そのものである。一方で、政策立案者は、政策が母集団全体に与える平均効果を推定することに関心がある場合もある。

　この場合、あまり厳格に操作されていない RCT（最初のランダム割当が本来効果を測定したい政策への操作変数として利用されているもの）の利点と、厳格に操作された RCT（最初のランダム割当が処置を受けるか否かと密接に関係するもの）の利点との間に、トレードオフが成り立つ。前者の RCT は広範囲で多くの被験者を対象としやすいが、コンプライアーが少なくなり、推定された処置効果は母集団を代表するものではないかもしれない。後者の RCT は母集団における処置効果を推定することが可能だが、実施のハードルが高く、被験者数を確保するために多くのコストがかかる。

　また、この分析は、前向き（prospective）な RCT と自然実験を比較する際にも役立つ。非実験的な研究のなかには、処置状況に影響を与えるような操作変数がランダムに割り当てられていることを「自然実験」として利用しているものがある。例えば、Angrist（1990）は、一部ランダム化によって実施されたベトナム兵役抽選を利用することで、兵役の有無が所得に与える影響を調査した。多くの場合、ランダム化による操作は実際の処置状況の一部にしか影響を及ぼさないため、（明らかに統計的に有意であっても）第一段階の影響（操作変数 Z による処置状況 T への影響）は小さく、コンプライアーは母集団の一部を代表しているに過ぎない。たとえ自然実験が、国全体の母集団を代表するようなサンプルを分析対象にしていたとしても、コンプライアーの割合が少ないのであれば、小さなサンプルサイズであっても第一段階が効果的に設計された（操作変数 Z による処置状況 T への影響が大きな）RCT に比べ、得られた推定量が外的妥当性を持たない場合がある[2]。

1）〔原注〕限界処置効果に関するより広範囲な議論については、Heckman and Vytlacil（2005）を参照。

6.2.2 IV が適切でない場合

IV 推定量をコンプライアーに対する処置効果だと解釈するためには、単調性と独立性の両方の仮定が成立する必要がある。RCT ではこれらの仮定が成立しやすくはなるが、成立が保証されるわけではない。先に説明した独立性に関する仮定は、いかなる処置状態においても潜在アウトカム (Y_i^C, Y_i^T) が操作変数 Z から独立であるというものだが、これが成立しない場合もある。

第一に、操作変数が、処置群に割り当てられた非コンプライアーに影響を与える可能性がある。学校単位で完全コンプライアンス状態であったバルサキプログラムの初年度を例に考えてみる (Banerjee et al. 2007)。各学校はランダムに処置群または対照群に割り当てられているため、各群の生徒全体のテストスコアを比較すれば、バルサキプログラムのバイアスのない平均処置効果、すなわち ITT 推定量を得ることができる。また、実際にバルサキを利用できたのは、処置群に割り当てられた学校に通う生徒のうち20%だけであったことを考慮すると、バルサキを利用した生徒に対する処置効果を推定するためには、得られた ITT 推定量を生徒の実際のバルサキ利用率で割った方が良いように思える。しかし、処置群に割り当てられた学校に通いながらもバルサキを利用できなかった生徒も、学級の少人数化や生徒の質の向上から恩恵を受けたかもしれないため、この方法は適切とはいえない。極論を言えば、処置効果はバルサキの利用による直接的な効果ではなく、バルサキを利用せずに教室に残ったが、こういった学習環境の改善により恩恵を受けた優秀な生徒のスコアアップによるものかもしれないのである。学校単位での処置群への割当状況を、生徒の実際のバルサキ利用状況のための操作変数として利用することで、「処置効果のすべてがバルサキの利用によるものである」との誤った結論を導いてしまう可能性がある。仮にこれらが正の効果を持つのであれば、操作変数法により得られた推定量は、コンプライアーに対する本来の処置効果より過大評価されたものとなる。

2）〔原注〕例として、Card（1999）は自然実験から得られた教育収益率の推定量の解釈について議論し、自然実験によって推定された教育収益率の多くは、割引率の高いもしくは信用制約のある個人に対する教育収益率であることを示した。

同じことが、虫下し薬配付プログラムにおいても言える（Miguel and Kremer 2004）。処置群に割り当てられた学校に通うすべての生徒が虫下し薬を飲んだわけではないため、平均処置効果を得るためにはITT推定量を服用率で割りたくなる。しかしながら、MiguelとKremerが示すように、処置群に割り当てられながら虫下し薬を服用しなかった生徒も、処置により周りの感染者数が減少したことなどから恩恵を受けているのである。ここでもワルド推定量は処置効果を過大評価している可能性がある反面、ITT推定量は学校全体におけるプログラムの処置効果を表す妥当な推定量である。

　重要なのは、たとえこれらのような外部性がごくわずかしかない場合でも、ITT推定量を1以下の数値で除すことによってIV推定量が算出されるためバイアスが拡大されるということである。実験の第一段階の影響（操作変数Zによる処置状況Tへの影響）が非常に大きい場合、これは取るに足らない問題だが、そうでなければ非常に大きなバイアスがかかる可能性がある。

▌6.3 外部性

　実験介入は、処置を受けない被験者でさえ処置効果による影響を受けてしまうといった波及効果を生み出す可能性がある。波及効果は時として物理的であり、例えばケニアの小学校で実施された虫下し薬配付プログラムにおけるRCTでは、大きな外部性が確認された（Miguel and Kremer 2004）。価格変化によって生じる波及効果もあり、Vermeersch and Kremer（2004）によると、ケニアのいくつかの学校で実施された未就学児童に対する給食提供は、周辺の学校の授業料の低下をもたらした。また、波及効果は学習効果や模倣効果などの形で起こることもある（Duflo and Saez 2003; Miguel and Kremer 2004を参照）。

　波及効果がどのように処置効果の推定量にバイアスを与えるのかを理解するため、被験者に対してランダムで処置を実施し、処置状況が完全コンプライアンスである場合を仮定する。潜在アウトカムの枠組みから、ITT推定量は、

$$ITT = E[Y_i{}^T | T = 1] - E[Y_i{}^c | T = 0]$$

である。この差を処置効果として解釈するためには、SUTVA[3]が成立しなければならない。すなわち、「各個人の潜在アウトカムは、自分かつ他人の処置状況に依存しない」ということである（Angrist, Imbens, and Rubin 1996）。サンプルには処置を受けた人もそうでない人も含まれるため、この前提が成り立たない場合、サンプル平均値$\widehat{E}[Y_i{}^c | T = 0]$は母集団の平均値$E[Y_i{}^c | T = 0]$に等しくならない。各個人の潜在アウトカムは（したがってITTも同様に）、処置群および対照群への割当ベクトルに依存するのである。一般的に、処置を受けない被験者への波及効果が正の場合、波及効果がなかったケースに比べITT推定量は小さく推定される。

　外部性が存在する時にSUTVAが成り立たなくなるというのは、比較的分かりやすい。もう一度ケニアの虫下し薬配付プログラムを例に考えてみよう。処置を受けた生徒は寄生虫から直接身を守ることができる一方で、他の生徒に対しても寄生虫を感染させるリスクがなくなるため、治療を受けていない生徒の感染率も低下するのである。Miguel and Kremer（2004）は、この波及効果があるなかで被験者に対しランダムに処置を実施したため、虫下し薬配付プログラムについての先行研究においては、処置効果が過小評価されている点を指摘している。反対に負の波及効果がある場合、処置効果は過大評価されることになる。

　仮に波及が全体に生じる場合は、いかなる方法を用いても処置効果を推定することは難しい。波及効果が部分的な場合は、グループ単位でのランダム化により、グループに対する処置効果の推定が可能である。外部性がグループを超えて波及しない場合、グループ単位でのランダム化により、全体の処置効果を推定することが十分に可能である。しかしながら、処置による直接的な効果とその波及効果を分離することはできない。

　波及効果に関心がある場合、その程度および規模を推定するために、実験を特別に設計することができる。第一の方法は、グループ内で処置を受ける

――――――――――――

3）〔訳注〕2.2節の脚注8を参照のこと。

レベルを意図的に変えることである。例えば、課税繰延口座に関する情報提供の効果を評価する実験において、Duflo and Saez（2003）は、説明会に参加することで得られる金銭的インセンティブの提供を2段階に分けた。まず、大学の学部をランダムに処置群に割り当て、さらに処置群に割り当てられた学部に所属する個人に対し、説明会への参加インセンティブをランダムに提供した。これにより実験者は、インセンティブが原因で説明会に参加したことによる直接的な効果、およびインセンティブが提供された学部に所属することによる波及効果の両方を測定することができた。

　第二の方法は、ランダム化によって自然と生じるグループ間での波及効果のばらつきを利用することである。例えば、Duflo, Kremer, and Robinson（2006）は、ランダムに選出された農家（被験者）に対し、農業現場研修を実施した。さらに、すべての被験者に対し、農業についてもっとも頻繁に話をする農家仲間3人の名前を尋ねた。そして、処置群に属する被験者の農家仲間の肥料使用の有無を、対照群に属する被験者の農家仲間のそれと比較した。これにより、実験者たちは情報波及による外部性の程度を確認することができた。同様に、Miguel and Kremer（2004）はケニアで実施された虫下し薬配付プログラムに関して、実験初期の段階で処置群に割り当てられた学校（処置学校）に通う子どもの友達の虫下し薬の服用状況と、実験後期に処置群に割り当てられた学校（対照学校）に通う子どもの友達のそれと比較した。Miguel and Kremer（2004）は、ランダム化により生まれた処置学校の密度の局所的なばらつきと、それにより対照学校に通う生徒が受ける波及効果の程度のばらつきを利用することで、グループ間の外部性を推定した。具体的に、彼らは以下のような回帰式を推定した。

$$y_{ij} = \beta_0 + \beta_1 T_j + \sum_d \gamma_d N_{dj}^T + \sum_d \phi_d N_{dj} + \epsilon_{ij}$$

y_{ij} は学校 j における生徒 i のアウトカム、T_j は学校 j が処置群に属しているかどうかのダミー変数、N_{dj}^T は学校 j から距離 d 圏内にある処置群に属する学校に通う生徒の総数、N_{dj} は学校 j から距離 d 圏内にある全学校に通う生徒の総数であり、学校密度単独の効果は ϕ_d で表される。また、$\overline{N_d^T}$ を処置学校に通う各生徒が距離 d 圏内で接触した虫下し薬を服用し

た生徒数の平均とすると、処置学校における平均処置効果は $\beta_1 + \sum_d \gamma_d \overline{N}_d^T$ で表される。最初の項は直接的な処置効果（虫下し薬を服用していない生徒に対する学校内での外部性を含む）を表し、第2項は学校間の外部性を表す。

波及効果を推定する第三の方法は、異なる集団に各被験者をランダムに割り当てることである。例えば、アメリカの移住実験（Moving to Opportunity: Liebman, Katz, and Kling 2004）では、ランダムに選出された被験者に対し、貧困率が低い地域へ移住するためのクーポンを提供した。移住クーポンを与えられた人とそうでない人とを比較することで、近隣効果の大きさを推定できた。

6.4 脱落

「脱落（attrition）」とは、サンプル内の一部の被験者からデータを収集できない状態を指す。ランダムに起こる脱落は、実験における検出力を下げるだけだが、脱落が処置と相関している場合、得られた推定量にバイアスがかかってしまう恐れがある。例えば、プログラムから恩恵を受けにくい被験者の脱落率が高い場合、これを無視してしまうと処置効果の過大推定につながる。ランダム化をすれば処置状況と潜在アウトカムの独立性は保証されるが、非ランダムな脱落が発生した場合はこの限りではない。この問題はアメリカ初の大規模RCTである「負の所得税」に関する実験で生じており、対処法を論じた質の高い計量経済学の論文も執筆されている（Hausman and Wise 1979; Heckman 1979）。

仮に、処置群と対照群において脱落の発生率が同じであったとしても、各群においてその発生原因が異なる場合もある。例えば、薬のRCTを考えると、処置群では被験者の死亡に起因するサンプルからの脱落は（薬の効果が正であれば）少ないだろう。しかし、薬によって被験者の健康状態が改善し、実験手順に従わなくなることに起因する脱落は、処置群において高い可能性がある。

このような理由により、脱落の問題に事後的に対処することは非常に困難であり、データ収集段階での対処が不可欠となる。特定の被験者がプログラ

ムを去った後でさえ彼らを注意深く追跡することにより、脱落を抑制することができる。例えばバルサキプログラム（Banerjee et al. 2007）では、度重なる学校訪問でも対象の生徒を捕捉できなかった場合、自宅でテストを受けてもらうことで、脱落の発生率を下げることができた。このためには、被験者がプログラムから脱落した場合の被験者の居場所に関する情報が必要となる。プログラム終了後も長期間にわたって被験者を追跡することが目的の場合、事前調査の段階で追跡調査に必要な情報（例えば、被験者が発見できない場合に、代わりにインタビュー可能な近隣住民や親族の氏名など）を収集しておくことが重要になる。費用が高過ぎてすべての脱落者について追跡調査を行うことができない場合、脱落者のなかから集中的に追跡調査を行う対象をランダム抽出することも可能である。その場合、抽出確率を反映させるため、これらの被験者に対してより大きな重み付けをする必要がある。

　分析のはじめに、処置群と対照群で生じる脱落のレベルを報告し、事前調査が利用可能な場合、少なくとも観測可能な変数については脱落者と非脱落者に系統的な違いがあるかどうかを比較しなければならない。脱落の問題が生じている場合、バイアスを特定し調整するために、統計的手法を用いることができる。これらの手法はパラメトリックなものもあれば（Hausman and Wise［1979］、または Wooldridge［2002］、Grasdal［2001］を参照）、ノンパラメトリックなものもある。パラメトリックな手法はより広く知られているため、ここではノンパラメトリックなものに注目する。ノンパラメトリックなサンプル修正手法は、パラメトリックな手法を用いる場合に必要となる関数形の仮定や確率分布に関する仮定が不要であるため、RCT に適している。ノンパラメトリック境界に関する代表的な研究には、Manski（1989）や Lee（2002）のものが挙げられる

　ノンパラメトリック Manski-Lee 境界とは、利用可能なデータから推定される処置効果の境界を明らかにするために、潜在アウトカムに関する単調性の仮定と、相対順位制約（relative rank restrictions）によって脱落が発生するという仮定を用いる考え方である。処置効果の推定値は、脱落バイアスの方向によって、真の処置効果の上限値もしくは下限値となる。脱落バイアスが負で処置効果が正である時、推定量は真の処置効果の下限値となり、

Manski-Lee のアプローチを用いることで上限値を推定することが可能である。

　以下では、コロンビアにおける教育クーポンプログラムが潜在学習（latent learning）に対して及ぼした長期的影響を評価するために Angrist, Bettinger, and Kremer（2006）が用いた脱落問題への対処法について説明する。以前議論したように、中学校の教育クーポンは、くじ形式で申込者に割り振られた。分析者は、くじの当選結果と高校の卒業試験および大学入学試験の結果をマッチングさせ、当選者の方が試験を受験しやすい傾向にあることを発見した。高校卒業率の差があると、学習に対するプログラム効果の推定が難しくなる。y_{1i} を処置を受けた被験者 i のアウトカム、y_{0i} を処置を受けなかった場合のアウトカムとする。D_i はランダムな処置の割当を示すダミー変数とする。T_{1i} は処置群に割り当てられたという条件で被験者 i がサンプルに残るかどうかを示すダミー変数、T_{0i} は同様に対照群に割り当てられたという条件でサンプルに残るかどうかを示すダミー変数とする。$y_{1i} \geqq y_{0i}$ かつ $T_{1i} \geqq T_{0i}$ がすべての i について成り立つと仮定すると、これらの仮定は「処置効果は常に非負であること」と「処置群に割り当てられた時、少なくともそうでない場合と同等以上に、サンプルに残る可能性が高いこと」を意味する。次に、脱落者の場合はゼロとなるアウトカムの変数、$Y_{Xi} = T_{Xi} y_{Xi}$ を定義する （X = {0,1}）。さらに、実際に観測されたアウトカムである Y_i を、潜在アウトカム（y_{Xi}）および脱落状況（T_{Xi}）、処置への割当状況（D_i）とリンクさせ、以下の式を得る。

$$Y_i = Y_{0i} + (Y_{1i} - Y_{0i})D_i = T_{0i}y_{0i} + (T_{1i}y_{1i} - T_{0i}y_{0i})D_i$$

　$q_{0i}(\theta)$ を Y_{0i} の分布の第 θ 分位点、$q_{1i}(\theta)$ を Y_{1i} の分布の第 θ 分位点とする。さらに順位維持制約（rank-preservation restriction）を、「$\mathrm{P}(Y_{1i} \geqq q_{1i}(\theta) \mid Y_{0i} \geqq q_{0i}(\theta)) = 1$ の時、Y_{1i} は確率変数 Y_{0i} の第 θ 分位点保存変換（preserving transformation）である」と定義する。言いかえれば、順位維持制約とは、「処置状態にない時の潜在アウトカムが確率分布のある分位点より高い時、処置状態にある時の潜在アウトカムもその分位点より高くなる」ということである。既に説明した仮定と、$q_{0i}(\theta_0) = 0$ の時 $\theta \geqq \theta_0$ となるような θ を条

件として、Angrist, Bettinger, and Kremer（2006）は以下が成り立つことを証明した。

$$\mathrm{E}[Y_i|D_i=1,\, Y_i>q_{1i}(\theta)]-\mathrm{E}[Y_i|D_i=0,\, Y_i>q_{0i}(\theta)]$$
$$\geqq \mathrm{E}[y_{1i}-y_{0i}|\, y_{0i}>q_{1i}(\theta),\, T_{0i}=1]$$
$$\geqq \mathrm{E}[Y_i|D_i=1,\, Y_i>q_{0i}(\theta)]-\mathrm{E}[Y_i|D_i=0,\, Y_i>q_{0i}(\theta)]$$

　調整を行う前の処置効果は、真の処置効果 $\mathrm{E}[y_{1i}-y_{0i}|\, T_{0i}=1]$ の下限値となる。一方で、$q_{0i}(\theta_0)=0$ となるような分位点 θ_0 を選び、Y_{1i} の確率分布のうち θ_0 パーセント以下を除外することで、真の処置効果の上限値を得ることができる。ここで、脱落が少なくなればなるほど、境界値が狭くなることが分かる。これは、できる限り脱落を少なくすることの重要性を強調している。

第 7 章

推論に関する問題

　本章では、RCT から有効な推論を行う上での重要な論点について議論する。はじめに、グループ構造を考慮した標準誤差の計算方法について議論する。次に、プログラムが複数の（場合によっては互いに関連し合う）アウトカムに与える効果の検証に関心がある場合を考える。さらに、サブグループごとに異質な処置効果を評価する方法を議論し、最後に推定における共変量の制御について議論する。

7.1 グループ化されたデータ

　4.2節で紹介したように、グループ単位でランダム化が行われる場合、同一グループ内の被験者間でのアウトカムの相関を考慮して、標準誤差を計算する必要がある。(11)式は、不均一分散がなく、かつグループ間で共通の共分散構造を仮定できる場合における標準誤差の拡大要因を示している（Moulton, 1990）。この場合、グループランダム効果を仮定することで、一般化最小二乗法（GLS）によって(2)式もまた効率的に推定することができる。

　共通の共分散構造を仮定しない場合、グループ化されたデータにおいて標準誤差を算出するための方法のひとつに、クラスター相関 Huber-White 共分散行列推定量の利用がある。この方法は、ランダム化されたグループの数が十分多い場合に推奨される。しかしながら Donald and Lang（2007）と Wooldridge（2003）は、この推定量が漸近的に正当化されるためには、集計単位数（グループ数）が多いことを仮定する必要があることを指摘している。Duflo, Mullainathan, and Bertrand（2004）らのシミュレーションでは、クラ

スター相関 Huber-White 共分散行列推定量は、グループ数が少ない（50未満）時にパフォーマンスが悪く、「効果がない」という帰無仮説を過剰に棄却してしまう。

　グループ数が少ない時は、ランダム化推論（randomization inference）を用いた仮説検定を行うこともできる（Rosenbaum 2002）。このアプローチでは、偽のランダム割当 P_j を行い、回帰係数 β_p を得る。ランダム化プロセスから生じるすべての割当可能性を $\{P_j\}$ とする。いま、回帰式

$$Y_{ij} = \delta + \beta_p P_j + v_{ij}$$

の β_p を考える。

　P_j は偽のランダムに割当（実際の処置状況とは関係なくランダムに割り当てられたもの）であるので、$E(\beta_p) = 0$ となる。$\widehat{F}(\hat{\beta}_p)$ を $\{P_j\}$ のすべての要素に関する $\hat{\beta}_p$ の経験累積密度関数（empirical c.d.f.）とする。推定された（本当のランダム割当に基づく）処置効果が、偽のランダム割当によって得られた処置効果の分布の裾部分にあるのかどうかを確認することで、仮説検定を行うことができる。$\hat{\beta}_T \leqslant \widehat{F}^{-1}(1 - \frac{\alpha}{2})$ または $\hat{\beta}_T \geqslant \widehat{F}^{-1}(1 - \frac{\alpha}{2})$ であれば、帰無仮説 $H_0 : \hat{\beta}_T = 0$ は、$1 - \alpha$ の有意水準によって棄却される。偽のランダム割当 P_j はクラスター間でのみ異なっているため、この方法はクラスター内相関を考慮したものとなる。

　ランダム化推論はあらゆるサンプルサイズにおいて妥当であり、サンプルサイズが非常に小さい場合であっても適用可能なことが利点である[1]。Bloom et al.（2006）は、カンボジアにおいて公衆衛生センターの運営を外部委託した場合の効果を把握する際に、この方法を用いて標準誤差を計算している。ランダム化は地区単位で行われ、12地区だけが実験に参加したため、クラスター標準誤差には非常に強いバイアスがかかっていた。しかしながら、バイアスがなかったとしても、ランダム化推論は誤差項に関する最低限の構

---

1 ）〔訳注〕こうした利点があるため、近年は、小標本の RCT ではランダム化推論に基づいて仮説検定を行うことが推奨されるようになってきている。Young（2019）およびMcKenzie（2016）等参照。

造すら仮定しないため、真の処置効果が大きい場合、パラメトリックなアプローチと比較して検出力が弱くなる（Bloom et al.［2006］参照）。

7.2 複数アウトカム

RCT は、実験者が事後的に測定する複数の異なるアウトカムに対し、しばしば影響を与える。複数アウトカム（multiple outcomes）に関する仮説検定を行うためには、特別な方法が必要となる。通常の仮説検定は、それぞれのアウトカムに対して実験者が別個に関心を持っていることを想定しているが、複数アウトカムを検定する場合、少なくともひとつのアウトカムについて帰無仮説を棄却する確率は、それぞれの検定を独立して行った場合に帰無仮説を棄却する確率よりも大きくなる（King and Liebman 2004）。例えば、5％水準で10個の独立した仮説検定をすると、少なくとも 1 つ以上の帰無仮説を棄却する確率は40％にもなってしまう。

例えば、個別の仮説検定により、ある介入は数学のテストスコアを統計的に有意に引き上げるが、その他の教科についてはそうではないことが示されたと仮定する。数学のテストスコアだけに関心のある政策立案者は、介入が数学のテストスコアに及ぼす影響の点推定に注目するかもしれないが、プログラムの結果を報告する実験者は、「介入は数学のテストスコアを高めるが、その他の教科のテストスコアは高めなかった」という誤った推論をしてしまうかもしれない。正しい推論をするためには、そのアウトカムに関する検定が、複数の仮説検定の一部であるという事実を考慮して、標準誤差の補正を行わなければならない。これはしばしば「ファミリーワイズエラー」と呼ばれる。

それぞれのアウトカムに対する補正 p 値は、「結合帰無仮説（joint null hypothesis）の下で、少なくともひとつの仮説が臨界値を超える確率が 5 ％以下」といった形で計算される必要がある。もっとも単純かつ保守的な方法は、ボンフェローニ補正（Bonferroni adjustment）であり、それぞれの p 値に仮説の数を乗じる方法である（Salvin 1984）。しかしながら、この方法はすべての仮説を独立なものとして扱っているため、保守的過ぎる面もある[2]。

第 7 章　推論に関する問題　　*83*

　他のアプローチとしては、複数アウトカムに対する介入の全体的な効果がゼロかどうかを検定する方法がある。先の例においては、政策立案者は個々の科目に対する介入の効果を別々に知りたいのではなく、テストスコア全体に及ぼす一般的な介入効果に関心があるかもしれない。そうした全体効果の測定方法は、医療の実験やメタ分析にルーツがある（O'Breien［1984］、Tamhane and Logan［2003］、Hedges and Olkin［1985］を参照）。この方法では、平均標準化処置効果（mean standardized treatment effect）を用いる。例えば、関心のある K 個のアウトカムがあるとする。それぞれの効果の点推定と標準誤差を $\hat{\pi}_k$ と $\hat{\sigma}_k$ とし、O'Breien（1984）、Tamhane and Logan（2003）、Kling et al.（2004）に従って、平均標準化処置効果が $\pi = \frac{1}{K} \Sigma_{k=1}^{K} \hat{\pi}_k / \hat{\sigma}_k$ で与えられるとする。この平均効果の標準誤差を算出するためには、すべてのアウトカムが相関しているという事実を考慮する必要がある。つまり、すべての標準化アウトカムをひとつの族（family）として扱い、見かけ上無関係な回帰（SUR: Seemingly Unrelated Regressions）を用いて推定することができる。平均標準化処置効果は単一方向性（unidirectional）があり、すべての効果が同一方向に影響しているかをより大きな検出力で調べることができるため、結合 F 検定（joint F-test）などの他の方法よりも望ましい。

　これらの補正は、以前議論した出版バイアスを避けることにもつながる。国勢調査のような多くの潜在的な変数を含むデータセットを用いて行われた後ろ向き（retrospective）評価とは異なり、前向き（prospective）評価では潜在アウトカムだと考えられたものが収集されることになる。従って、それらのすべてが有意なのかどうかが報告されるべきである。多くの変数がある場合、研究者は結合検定を行うために、どの変数がどの族に属するのかを事前に定めておいた方がよい。

2）〔原注〕その他の方法としては、Bonferroni-Holm ステップダウン補正（Holm 1979）や、Westfall and Young（1993）のブートストラップ法がある（例は Kling and Liebman［2004］を参照）。

7.3 サブグループ化

　介入は、母集団に対して不均一な効果を与えることがしばしばある。例えば、補習教育プログラムが、テストスコアの高い子どもよりも低い子どもに対して、より大きな効果を与えると予想することがあるかもしれない。もし、両タイプの子どもたちが含まれるグループ間（例えば、学級など）において、介入がランダムに割り当てられているのであれば、得られる処置効果は両タイプの子どもに対する効果の平均値となる。しかしながら、研究者と政策立案者は、それぞれのタイプの子どもに及ぼす効果を別個に把握することに関心があるかもしれない。

　研究者が RCT の手順を設計する際、先験的にもしくは他の研究から得られた知見を基に、どういったサブグループで評価ができるかを事前に検討しておくことが理想的である。実際、理論的な制約から追加的に検証可能な仮説が示されることもある。例えば、プログラムは低スコアの子どもに有意な効果があるが高スコアの子どもには効果がない、といった仮説である。

　グループ化された RCT では、サブグループにおける検出力が、サンプル全体における検出力と同水準なこともあるかもしれない。なぜなら、サブグループごとの検出力にとっては、グループ数ではなく、グループごとの観測数がより重要になるからである。加えて、グループ内相関が生まれる要因のひとつが、サブグループ間の被験者属性の偏りに起因するのであれば、サブグループごとに処置効果の違いを検証することによってグループ内相関を抑制できる可能性があり、サンプルサイズが縮小することのデメリットを十分に補い得るかもしれない（Bloom 2005）。

　いくつかのケース（グループ単位でのランダム化は行われていないが、それぞれのグループ内に関心のある異なるサブグループが含まれている場合）では、ランダム化をサブグループごとに層化することが可能となり、それぞれのサブグループにおいて処置効果を推定できる。これにより、異なるサブグループごとの効果を明確に推定することが可能となる。サブグループが事前に決められている場合であっても、複数のサブグループがあるという事実を考慮し標準誤差を補正する必要がある。考えられる補正方法は、前述の複数アウト

カムの場合と同様である。

　もしも、ランダム化を実施し評価を始めた後で、ある特定のグループにおいて異なる処置効果が確認されそうな場合はどうすればよいだろうか？　例えば、Glewwe, Kremer, and Moulin（2004）は、ケニアの地方小学校への教科書配布は平均的な子どものテストスコアに影響を与えないが、プログラムの実施前に成績の良かった子どもについてはテストスコアを引き上げる効果があることを確認した。こうした「切り口」はもともと意図されたものではないが、教科書は英語で書かれており、学力の低い子どもには効果がなさそうだということを考慮すれば、理論的に説明可能である。こうした発見は報告されるべきだろうか？　同様に、異なる地域について、評価結果が別々に報告されるケースもある[3]。ケニアにおいて、Kremer, Miguel, and Thoronton（2004）は、2つの地域におけるインセンティブプログラムの効果を別々に報告しており、一方では「効果があった」、もう一方では「効果はなかった」と結論付けている。当初のランダム化設計では想定されていなかった変数を用いてサンプルを分割することは、恣意的なサブグループ分割を誘発しかねないという主張もある。どういったデータの「切り口」があるかは分からないため、ボンフェローニ境界の計算や類似の補正を行うことは不可能であり、標準誤差を正確に計算することもできない。

　新薬の治験においてアメリカ食品医薬品局（Food and Drug Administration: FDA）が適用しているもっとも厳格な基準は、「事前の段階でサブグループが特定されていない限り、特定のサブグループに関する効果は薬の承認のエビデンスとしては不十分だとみなす」というものである。FDA は、あらゆるサブグループに対する効果測定を、事前の実験設計段階において決めておくことを求めている。FDA がこうしたアプローチを採用しているのは、もし事後的に、研究者（もしくは製薬企業）がサブグループを自由に決められるのであれば、介入の効果があったものだけを選ぶことができてしまうからである。

───────────────

3）〔原注〕アメリカにおける多くの社会実験がこのケースにあたる。例えば、移住実験の結果報告において、少なくともプログラムの初期においては他の都市より効果が高かったボストンにおける効果のみが、はじめのうちは報告されていた。

ベイズ統計学的な観点からみると、恣意的なサブグループ分割を研究者が行わないと政策立案者が信じていて、かつサブグループごとに効果が異なる可能性があると実験前から政策立案者が想定していた場合は、たとえ事後的なサブグループ分割が行われたとしても、それらの分析結果を考慮する価値があるかもしれない。なおこうした場合であっても、恣意的なサブグループ分割や、サブグループ選択、特定化の探索などが容易な通常の経済学の実証研究と比べると、ランダム化実験は研究者の選択肢を制約していることを覚えておきたい。

サブグループ分析を行う場合は、それを事前に計画し、サブグループごとに層化した上でランダム化を行うべきではあるが、当初計画されたサブグループだけではなく、事後的なサブグループ化によって得られた結果も報告する価値がある場合があるだろう。なぜなら、これにより分析結果に新たな発見があるかもしれないからである。しかしながら、事後的なグループ化による結果を報告する場合、研究者はサブグループが事前と事後でどのように定義されているのかを明確にする必要がある。研究者の視点からいうと、事前に予定されていなかった事後的なグループ化によって得られた示唆に富む結果は、今後注目すべき研究テーマのあくまでも第一ステップとして考えるべきものである。

7.4 共変量

実験分析におけるもうひとつの検討要素は、どの変数を制御（コントロール）すべきかという選択である。既に議論したように、介入によって影響を受けない変数を制御することは、アウトカムの分散を減らし、より正確な推定値を得ることにつながる（介入によって影響を受けるような変数を制御することは、当然、推定値にバイアスをもたらすことにつながる）。しかし、特定化の探索を避けるためにも、そうした変数は事前に特定されるべきである。回帰分析によって調整された結果だけでなく、「生の差（raw differences）」も報告することが一般的な方法である。

第 8 章

外的妥当性とランダム化比較試験から
得られた結果の一般化

　ここまで、RCT の内的妥当性について主に議論してきた。つまり、測定された処置効果が、サンプル内の介入による因果的な効果だと言えるかどうかを議論してきた。一方で、この章では外的妥当性について取り扱う。つまり、実験によって明らかになった因果関係が他の集団にも当てはまるのか、その因果関係は一般化可能で再現可能かどうかを議論する。内的妥当性は、外的妥当性の必要条件ではあるが十分条件ではない。この問題は、RCT の実践にまつわる議論において、大きな注目を集めてきた。Bardhan、Basu、Mookherjee、Banerjee は、「新開発経済」に関するシンポジウムにおいて、外的妥当性に関わる議論を概観する優れた論文を発表している（Banerjee 2006; Basu 2005; Mookherjee 2005; Bardhan 2005; Banerjee et al. 2006）。この章ではその内容を踏まえ、RCT を実践する際に外的妥当性を考慮すべき理由と、その場合に取るべき手法についてみていく。

8.1 部分均衡効果と一般均衡効果

　RCT は、特定地域の処置群と対照群に現れる差異を測る手法であり、一般均衡効果を測ることはできない（Heckman, Lochner, and Taber 1998）。一般均衡効果は、プログラムを拡大した際の厚生効果を評価する場合などには特に重要となる。例えば、コロンビアで行われた教育クーポンプログラムでは、私立校へ通うためのクーポンを支給された学生と、プログラムに応募したがクーポンを支給されなかった学生を比較し、プログラムの効果が評価された。これは、クーポンを得ることの効果を、既に教育クーポンプログラムが行わ

れている地域に限定して評価していることに他ならない。つまり、プログラムの効果をある地域限定で部分的に評価しているのであって、教育クーポンプログラムの導入がコロンビアの教育システム全体に及ぼす効果を評価しているわけではない。

　教育クーポンプログラムの賛成派と反対派はそれぞれ、プログラムの導入によってもたらされうる一般均衡効果について指摘している。賛成派は、教育クーポンプログラムの導入によって私立の学校と公立の学校との間で競争が起こり、結果的に公立の学校のパフォーマンスの改善にも繋がると主張している（Hoxby 2003）。一方で反対派は、教育クーポンプログラムを導入すると、能力や好み、人種による生徒の選別が進行するため、アイデンティティと価値観の共有によってまとまりのある社会を創るという教育の役割を毀損する可能性があると主張している（Hsieh and Urquiola 2003）。教育クーポンプログラムが、意欲のある学生やその親を公立校から遠ざける方向に働く限り、公立校に対して改善を求める意欲のある親からの圧力は減り、結果的に公立校のパフォーマンスの悪化に繋がる可能性がある。

　これらの効果は、コロンビアの教育クーポンプログラムに関する研究では計測することができない。プログラムの導入が教育機関間の競争を促進し、その結果として公立校の教育の質を高めたとすると、対照群の学生は公立校に通っている割合が高いため、処置群と対照群のアウトカムの差は縮まる。この場合、RCT の結果として教育クーポンプログラムの導入に正の効果があると評価されたとしても、その効果は実際よりも過小に評価されていることになる。また、教育クーポンプログラムの導入によって生徒の選別が進行したとすると、処置群の学校と対照群の学校の両方がその影響を受けるため、両群の比較によって効果を計測することはできなくなる。教育クーポンプログラムの導入によって、意欲のある学生や保護者が公立校から離れ、その結果として公立校が提供する教育の質が低下した場合、処置群と対照群の学生のパフォーマンスの差は拡大する。つまり、教育クーポンプログラムの導入による負の影響が大きいほど、導入の効果は過大に評価されてしまうのである。

　この種の一般均衡効果は、外部性の一種として考えられる。だとすれば、

観測する単位を十分に大きくすることができれば、その効果の大きさを測定することが可能である（ただし、この解決方法が現実的ではない場面もある）。例えば、上述の教育クーポンプログラム導入の一般均衡効果（学校間の競争促進、生徒の選別、公立校に残る生徒への影響等）は、ランダム化を地域単位で行うことで分析できる（この時の「地域」は、いくつかの公立校と私立校が含まれる程度に大きいことが必要である）。仮に、大部分の子どもたちが地域内の学校に通うとすれば、この地域単位のRCTによって、一般均衡効果に関しても何らかの形で評価することができるだろう。

なお、一般均衡効果は、国レベル、世界レベルで影響を与える場合もある（例えば賃金や物価など）。この場合、一般均衡効果を考慮するためには国レベルや国際的なレベルでのランダム化を実施する必要があるが、それは多くの場合現実的ではない。

8.2 ホーソン効果とジョンヘンリー効果

RCTを含む前向き評価のもうひとつの課題は、評価するという行為自体が、処置群と対照群の行動に影響を与えてしまう可能性があるということである。このうち、処置群の行動に与える影響は「ホーソン効果」と呼ばれ、対照群の行動に与える影響は「ジョンヘンリー効果」と呼ばれている[1]。処置群は、処置を受けることを嬉しく思うことや、観測されていることを意識することで、実験期間中に自らの行動を変えてしまうかもしれない（例えば、実験が成功するように、より熱心に働くなど）。また対照群は、対照群に選ばれたことに不満を持ち、行動を変えてしまうかもしれない（例えば、対照群の教師が処置群の教師に対抗意識を燃やして熱心になるかもしれないし、あるいは逆にやる気を削がれて手を抜くかもしれない）。

1）〔原注〕ホーソン効果という名称は、シカゴにあったウェスタン・エレクトリック社のホーソン工場に由来する。この工場では、職場環境が作業員の生産性に与える影響についての一連の調査が行われ、その結果、観測されていると認識することで、作業員はより勤勉に働くことが明らかとなった。ジョンヘンリー効果は、アメリカの民話に登場する鉄道作業員の名前に由来する。

被験者によるこれらの反応は、RCT 特有の問題として取りざたされることが多いが、同様の問題は他の手法を用いた場合も起こり得る。例えば、特定の学校に対して物資の支給量が増えると、一時的にその学校の生徒や教師の士気が高まり、パフォーマンスが短期的に向上することが考えられるが、この効果は RCT を行う場合だけではなく、固定効果や差の差、回帰不連続デザインなどの手法を用いた際にも同様に問題となる。被験者自らが評価対象の一部であることを知っており、その結果プログラムによって配布された物資だけでなく、評価されているという事実それ自体から影響を受けてしまう場合、正確な評価を行うことはできないのである。

　ホーソン効果やジョンヘンリー効果を、プログラムの直接的で長期的な効果と切り離す１つの方法は、より長期間にわたりデータを収集することである。例えば、Duflo and Hanna（2006）は、プログラムの正式な実験期間が終わった後も、１年間にわたりその効果を観測し続けた（NGO が実験終了後もそのプログラムを継続して実施していた）。その結果、正式な実験期間終了後に計測したプログラムの効果は、実験期間中に計測した効果と大きな違いはなかった。このことは、実験当初に得られた評価結果が、ホーソン効果によるものではなかったことを示唆している。

　評価の手法を工夫すれば、プログラムが効果をもたらすまでの複雑な経路を解き明かし、ホーソン効果やジョンヘンリー効果の問題を解決することも可能である。例えば、前述の「SEED プログラム」（Ashraf, Karlan, and Yin 2006）について考えてみよう。この実験で著者らは、プログラムを実施することで人々がより多く貯蓄するようになったとしても、それはプログラムそのものの効果ではなく、プログラム実施の過程で貯蓄に関して言及するチームの訪問を受けたことの影響によるものかもしれないと考えた。そこで著者らは、SEED プログラムとは別の、「通常の」貯蓄プログラムを提供する処置群を追加することにした。もともと、調査対象者のうち半数は SEED プログラムを提供されない対照群に属するが、このうち半数をそのまま純粋な対照群として残し、残りの半数を第三のグループ「マーケティング処置群」としたのである。このグループに属する人々は、SEED プログラムが提供される人と同様に、貯蓄を促すマーケティングキャンペーンを受けるが、マー

ケティングは従来の貯蓄商品に限定され、SEED プログラムは提供されない。著者らは、SEED プログラムを提供された処置群と、マーケティング対照群の貯蓄額を比較することで、SEED 商品の直接的な効果を、マーケティングキャンペーンの効果から切り離すことに成功した。

その結果、回帰分析を行ったすべてのモデルで「マーケティング処置」が貯蓄額に与える影響は、プラスではあったが統計的に有意ではなかった。つまり、マーケティング処置には貯蓄額を高める効果があるかもしれないが、あったとしてもその効果は小さいもので、また、その効果について統計的に推定するためにはサンプルサイズが小さ過ぎたことを示唆している。

8.3 特定のプログラムやサンプルを越えての一般化

RCT に関わるひとつの論点は、ある場面で得られた RCT の結果が別の場面においてどこまで再現可能で一般化可能なのか、という点である。例えば、ケニア西部のある地域において上手くいったプログラムが、他の地域でも上手くいくのだろうか？　そのプログラムの成功には特定の NGO の働きが強く影響しているのではないか？　また、同様のプログラムを少し改変して実施した場合も同じ効果が得られるのだろうか？

RCT によって得られた結果の一般化可能性に影響を与える主な要素として、次の 3 つが考えられる。これらは、「プログラムの実施方法」（再現が難しいような特別な注意を払ってプログラムが実施されていないか？）、「ある特定のサンプルを対象に評価が行われていること」、そして「ある特定のプログラムが実施されていること」（プログラムの内容に些細な違いがあった場合も、同様の結果が得られるか？）の 3 つである。

1 つ目の論点は、再現が困難なほど特別な注意を払ってプログラムが実施されていないか、という点である。パイロットプログラムは、通常よりも慎重に実施されることが多く、また有能な行政担当者が実行にあたることが多いが、そのまま規模を拡大してそれを実行することは不可能である。また、プログラム効果の検証に積極的な NGO によってパイロットプログラムが実施されていた場合、同様の NGO だけがそのプログラムを効果的に実行でき

るのではないか、という疑問が生じる。この場合、プログラムが拡大して実施されると質が低下する恐れがある。こうした問題を完全に防ぐことは難しいが、上辺ばかり優れた「金メッキ」プログラムにしないことは重要であり、またそうすることは可能である。また、もうひとつ重要な点は、プログラムが実施された手順を明確に記録しておき、さらに、そのプログラムがどの程度順調に実施されたかを示すデータ（特にコンプライアンス率や、プログラム実施の手順が守られていたかどうかに関するデータ）を収集することである。そうすることで、その実験において実際に何が評価されたのかを明確に把握することが可能となる。

2つ目の論点は、母集団が異なればプログラムに対する反応の仕方も変わってくるのではないか、という点である。例えば、あるプログラムがアフリカの農村に暮らす低所得の女性に対しては上手く機能したとして、同じプログラムが南アジアの都市に暮らす中所得の男性に対しても機能するのだろうか？　この問題は、もちろん RCT を行う場合にのみ生じるものではない。すべての実証研究において、研究対象となったサンプルに関する情報は報告され、その結果は一定の仮定の下でしか一般化することができない。しかし、RCT の場合、実行上の理由から比較的小さな地域で行われることが多く、そのことがこの問題をより大きくしている。一方で、後ろ向き研究では、全国レベルの代表性のあるデータセットを利用できるという点で、RCT に比べて優位性があると言える[2]。

RCT において、実行上の制約から少数の調査対象地しか確保できない場合、ある母集団（例えば国全体など）への外的妥当性を最大化するためには、調査対象地をランダムに選び、さらに処置群と対照群をランダムに選ぶ必要がある。しかし、このうち「調査対象地をランダムに選ぶ」ことは、ほとんどのケースで行われていない。RCT は一般的に、特定の母集団のうちの

2）〔原注〕ただし、非実験的研究においても、内的妥当性と外的妥当性との間にトレードオフが生じる場合がある。例えば回帰不連続デザインでは、母集団のうち、処置を受けられるか受けられないか「ぎりぎりの」集団のみに焦点を当てることで、あまり強くない識別の仮定の下、内的妥当性の問題を解決している。また、操作変数法では、処置を適切に受けたグループへの効果を測定することができるが、そのグループは小さく代表性はないかもしれない。

「実行しやすい」サンプルに対して行われる。こうしたサンプルの選択は、評価を行うためにはしばしば必要なことではあるが、それによって外的妥当性を限定してしまっている可能性もある。

このようなジレンマへの対応には、大きく2つの方向性がある。ひとつは、ある集団におけるプログラムの結果が他の集団に対しても当てはまるかどうかをその都度検証する必要がある、という立場である。もうひとつは、すべての場面、すべての組み合わせで評価を行うことはできないため、何らかの行動理論を基に「AやBの場面で上手く機能したので、Cの場面でも機能するだろう」と判断する、という立場である。この2つの立場については、後段で詳しく議論する。

RCTの一般化可能性に関する3つ目の論点は、あるプログラムが何らかの効果を持つことが分かったとして、似ているが全く同じではないプログラムについては何が言えるのか、という点である。例えば、メキシコの条件付き現金給付プログラム「プログレサ」について考えてみよう。プログレサでは、中学校に通う子どもの年齢と共に支給金額が増加する仕組みになっていたが、この増加金額が異なっていたとしたら、効果は違っていたのだろうか。ここでも、先ほど述べた2つの立場が問題になってくる。一方の立場では、何種類ものプログラムを試して、そのうちのどれが成功するかを調べようとするだろう。あるプログラムに関する実験結果が蓄積していけば、例えば異なる給付金額への反応の「見通し」が推測できるかもしれない。しかし、あるプログラムの変形版は潜在的には無限通りのパターンが存在することから、どのような変形版を繰り返し実施する価値があるか判断するためには、やはり理論的な枠組みが必要になる。つまり、あるプログラムから得られた教訓を一般化するためには、プログラムを何度も繰り返すことと理論の両面が必要になるのである。

8.4 RCTの結果の一般化可能性に関するエビデンス

プログラムの再現性に関するエビデンスは、残念ながら現時点では限定的である。異なる複数の環境で同種のプログラムを評価したケースは（少なく

ともRCTを用いた研究では）あまり多くはないが、これまでのところ異なる環境でも非常に似通った結果が得られることが明らかとなっている。とはいえ、今後もさまざまなプログラムについてこのような再現性に関する検証を重ねていくことが重要である。プログラムの再現性に関するエビデンスとなる研究が少ない理由としては、ある種の出版インセンティブが働いていることが考えられる。つまり、研究者は既存の評価結果を再現することに対して強いインセンティブを持たないし、また学術誌もそのような論文を掲載しようと思わないのである。学術誌が再現性の検証を促す機能を持たないとすれば、理想を言えば、再現性を検証するようなプログラム評価を行い、その結果を政策立案者に普及させることを目的とした新たな組織が設立されるべきだと考えられる。

　既に言及した補習教育に関するRCT（Banerjee et al. 2007）では、調査設計の段階で再現性に関する評価方法が組み込まれていた。具体的には、この調査はムンバイとヴァドーダラーという2つの異なる大都市で、別個のチームによって同時に行われたのである。ムンバイのチームは、このプログラムの運用を既にある程度経験しており、ヴァドーダラーのチームは未経験であった。また、ムンバイとヴァドーダラーは大きく異なる都市であり、ムンバイはヴァドーダラーに比べて裕福で、実験開始時の教育水準も高かった。全体として見ると、補習教育がもたらす効果はムンバイとヴァドーダラーで非常に似通っていたが、一方で、両者の間には興味深い違いもあった。補習教育による国語の成績への効果は、ムンバイではヴァドーダラーに比べて遥かに小さく、統計的に有意と言えないほどの効果しかないことが分かった。プログラムの事前調査からは、ムンバイでは80％以上の生徒が、補習教育の実施範囲である基礎的な国語能力をはじめから備えていたことが分かっており、そのことが両地域の結果の差をもたらしたのだと考えられる。

　また、以前に触れた虫下し薬配付プログラムにおいても、異なる場所で似通った結果が得られている。最初の虫下し薬配付プログラムのRCTは、ケニア西部の田舎にある小学校を対象に行われた。その後、このプログラムはインドの都市部の幼稚園に通う子どもを対象に、若干の変更を加えて実施された。この地域では、深刻な貧血を患う子どもが多かったため、寄生虫駆除

第8章　外的妥当性とランダム化比較試験から得られた結果の一般化　　95

と同時に鉄分の補給も行ったのである（Bobonis, Miguel, and Sharma 2004）。これらのプログラムは、当然ながら実施主体も異なっている。インドではプラサムと呼ばれる団体が、ケニアではチャイルドサポートアフリカと呼ばれる団体が主体となって実施した。このように大きな違いがあったにも関わらず、その結果は驚くほど似通ったものであった。まず、ケニアでは、プログラムの影響で学校への出席率が7％増加し、身長年齢比のz値は0.09増加、体重年齢比には変化がなかった。一方でインドでは、学校への出席率が6％増加し、身長年齢比には変化がなく、平均体重は1.1ポンド増加した。

　これら2地域での実験結果で異なっていた点は、ケニアではインドに比べてプログラムの外部性が大きかったことである。この原因としては、インドとケニアでは寄生虫の伝染のメカニズムが異なること、また、インドで同時に行った鉄分補給の措置は外部性をもたらさないことが考えられる。

　もちろん、虫下し薬配付プログラムのような医療へ介入するプログラムは、個人の行動に影響を与えるプログラムに比べて再現性が高い可能性はある。しかし、少数とはいえ、個人の行動に影響を与えるインセンティブを付与する種類のプログラムにおいても再現性に関するエビデンスが得られており、大いに励みとなっている。プログレサが最初に導入され評価されたのはメキシコだが、類似のプログラムはその後ラテンアメリカの複数の国々（エクアドルやコロンビア、ブラジルなど）で導入され、また、トルコなどの他地域の国々にも広がっていった。そうした中で、RCTを用いた評価が何度も行われた。これらの試みによって、条件付き現金給付プログラムの効果はメキシコ以外の国でも有効と証明されたと同時に、プログラム設計において留意すべき点が示唆された。例として、Schady and Araujo（2006）の研究を取り上げよう。彼らはエクアドルにおいて、就学を給付条件としない現金給付プログラムが、就学率に与える影響について評価した。就学を条件としていないにも関わらず、この現金給付プログラムが就学率に与える影響は大きかった。しかしながら、就学率が向上した世帯のうちの多くは、就学が給付の条件だと勘違いして子どもを学校に通わせていたのであった。

8.5 フィールド実験と理論モデル

　異なる状況下において研究を再現することは必要だが、あらゆる状況において研究結果が当てはまるかを厳密に検証することは不可能である。しかしながら、実験結果と経済理論・モデルを組み合わせることによって、より一般的な教訓を得ることは可能である。

　理論・モデルと RCT を組み合わせる方法は主に2つある。第一に、さまざまな RCT と経済モデルを組み合わせることが可能であり、そうすることで豊富なパラメータの推定が可能となる。追加的な仮定が必要になることがデメリットだが、より豊富なパラメータが得られることがメリットであり、プログラムの内容を変えた場合にどのような効果がもたらされるか予測することが可能となる。Attanasio et al.（2012）は、給付金が教育選択に与える効果について柔軟なモデルを推定するために、構造モデルを活用することで、プログレサの変形版の実施により期待される効果を推定している。関連する RCT の利用方法としては、構造モデルによって得られた仮説について、サンプル外で妥当性を検証することが考えられる。Todd and Wolpin（2008）は、プログレサの対象となった村において就学と仕事に対する子どもの選択についての構造モデルを推定している。その後彼らは、モデルが正しいとした場合にプログレサがどのような効果を与えるかをシミュレーション分析し、それを実際の処置効果と比較している。

　開発経済学において、理論と RCT をより野心的に利用している例としては、経済行動に関する特定の理論を検証するために実験を設計しているものがある。Karlan and Zinman（2005, 2007）と Bertrand et al.（2005）はある理論を検証するためにフィールド実験を用いており、相互に関連する素晴らしい研究である。これらの研究は、リスクの高い顧客に対して高い金利で小規模の貸出を行っている南アフリカの金融機関と協働して行われた。すべてのケースにおいて、主な介入は内容の異なるダイレクトメールを送るところから始まった。Karlan and Zinman（2007）は、貸出を行う際の事後的な支払負担と事前の逆選択の相対的なウエイトを検証しようとした。彼らの実験では、見かけ上は同じリスクを抱えている潜在的なローンの顧客に対して、高

い金利を記載した手紙と低い金利を記載した手紙をランダムに送り分けた。手紙を受け取った顧客は、手紙に書かれた「提示金利」でローンを借りるかどうかの意思決定を行う。高い金利でもローンを借りる意思を示した顧客のうち、実際にローンを申し込む際、半分の顧客には新たに低い「契約金利」がランダムに提示されたが、残りの半分にはもともと手紙で示された「提示金利」がそのまま契約金利として提示された。なお、顧客側は、はじめに示された提示金利と契約金利が異なる可能性があることについて、前もって知らされていない。こうした条件のもと、3つのグループにおける返済の様子が比較された。この実験設計によって、逆選択効果[3]と事後的な支払負担効果[4]（モラルハザード[5]による影響、もしくは純粋な事後的な経済負担の影響）を分離することができる。逆選択効果は、最終的に低い金利で借入を行った人のうち、高い金利に反応した人と低い金利に反応した人の返済の様子を比較すれば明らかにできる[6]。事後的な支払負担効果は、高い金利に反応した人を分析すれば明らかにすることができ、最終的に低い金利で借りた人と高い金利で借りた人の比較を行えばよい[7]。この研究から、男女の行動が異なっていることが明らかとなった。すなわち、女性は逆選択を示した一方、男性はモラルハザードを示したのであった。この研究は、理論からもたらされた予測を厳密に検証できる方法を示したことから、分析手法上の大きな発展となったものである。

　Betrand et al.（2005）は、上述の Karlan と Zinman の実験をベースとして、

3）〔訳注〕取引開始前の情報の非対称性によって生み出されるのが「逆選択」。例えば、中古車市場のレモンの問題や、保険に入る人がハイリスクな人たちばかりになることなど。

4）〔訳注〕高い金利で借り入れた人は、ハイリスクな行動に出てしまい返済率が下がってしまう効果。

5）〔訳注〕取引開始後の情報の非対称性によって生み出されるのが「モラルハザード」。相手の行動を観測することができない（もしくはモニタリングコストが高い）ために、行動規範に緩みが生まれる。

6）〔訳注〕低い金利で借り入れた人は、純粋な事後的な経済負担は同じはずなので、逆選択の効果だけを推定することができる。

7）〔訳注〕高い金利に反応した人は逆選択の影響は同じはずなので、純粋な事後的な経済負担の影響のみを推定することができる。

心理学の分野から持ち込まれたより広範な仮説を検証した。この研究では、ローンを提供する趣旨の手紙が、経済学的に見れば重要ではないようなさまざまな変化を付けて配布された。それにより、心理学者から見て意思決定において重要と思われ、既に研究室レベルでは大きな効果があることが示されている要素がもたらす効果について検証することができた。

例えば、手紙の記載内容を変え、典型的な月次返済ローンと、期間や規模が異なるさまざまなローンを提示して実験は行われた。その他の例としては、提示金利と市場金利との比較を示したり、ローン加入の期限を示したり、宣伝用の景品を示したり、手紙の隅に人種や性別の特徴を表す写真を入れたり、借入金の使い方に言及したりしている。これらの介入内容の効果を比較分析したところ、すべてではないが多くの場合で効果が確認され、一部の効果は非常に大きく驚くべきものだった。例えば男性の場合、手紙の上部に女性の写真を入れると、月次金利を1％引き下げるのと同程度ローンの申し込みを増加させる効果があった。ある意味で、上述の2つの研究の対比は驚嘆に値するだろう。

一方では、個々人は情報に対して合理的経済人としての反応をみせる。すなわち、金利に対して敏感で、高いリスクの顧客は高い金利を受け入れる（少なくとも女性については）。他方では、見た目上は同じような条件であるにも関わらず、与える効果には大きな違いが生まれているのである。

これらの実験や既に本書で言及した研究は、「単純な」プログラム評価を超えて、ランダム化がどのように分析ツールとして使われてきたかを示している。後ろ向き評価と比べて（たとえ識別の仮定が完全に満たされている後ろ向き評価であったとしても）、パートナーと緊密に連携したフィールド実験では、遥かに柔軟な評価が可能となり、偶然実施されてきたプログラムではなく、検証すべき仮説に重きを置くことができる。後ろ向き評価では、識別の仮定を正当化するための手段として理論が用いられる（これは研究者が属するコミュニティにおける実証研究の慣行に応じて程度の差はあるが、明示的に行われる）。一方、前向き評価においては、実験設計が手段として用いられる。このことは、理論の検証および理論への挑戦のいずれを行う場合においても、強力な武器となる。理論的な枠組みは、どの実験を実施すべきかを検討した

り、結果のより一般的な解釈を考えたりする上で、不可欠である。最新の実験研究の結果のうちいくつかについては、既存の理論の枠組みでは説明がつかないものもある（Banerjee［2006］はこれを「理論に対する新たな挑戦」と呼んでいる）。既存理論の課題と新たな理論構築の方向性を示す実験結果を踏まえ、理論モデルの構築とフィールド実験の往来を促進すべきである。

解説

エビデンスに基づく政策形成の考え方と本書のエッセンス

小林 庸平

　経済学の実証研究の世界では近年、開発経済学を端緒としてフィールド実験と呼ばれる手法が急速に進展している。フィールド実験とは、医療をはじめとした自然科学の分野で使われてきたランダム化比較試験（Randomized Controlled Trial: RCT）[1] と呼ばれる手法を、現実社会のなか（フィールド）で適用することによって、政策等の効果を厳密に測定する手法である。開発経済学におけるフィールド実験のパイオニアが本書の著者の一人であるマサチューセッツ工科大学のエステル・デュフロ教授であり、本書はフィールド実験の理論的な背景やデュフロ教授らが培ってきた実践的なノウハウが詰まった論文である[2]。

　フィールド実験の波は、経済学のさまざまな分野に波及してきている。図-A1は、労働経済学の第一人者であるカリフォルニア大学バークレー校のデビッド・カード教授らが、職業訓練や求職者・企業のマッチングといった「積極的労働市場政策」の効果測定を行った既存研究を整理し、時系列でグラフ化したものである。棒グラフは非実験的研究（Non-experimental Design）と実験的研究（Experimental Design）を積み上げたものになっている。実験的研究とは主として RCT による実験的手法を用いた研究を指しており、本

1）原書のなかでは「ランダム化評価（Randomized Evaluation）」という言葉が使われている。

2）開発経済学におけるフィールド実験活用の成果は、バナジー・デュフロ（2012）にまとめられている。

図-A1 積極的労働市場政策の効果測定研究の年次別推移

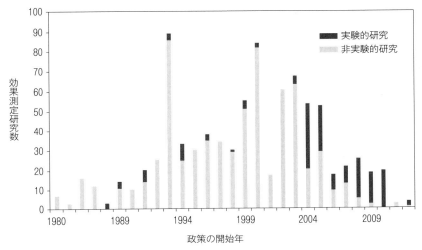

(出所) Card, Kluve and Weber et al. (2015)

書では「前向き (prospective) 評価」とも呼ばれている。一方で非実験的研究とは、伝統的な計量経済学的手法を観測されたデータに適用することによって政策の効果を測定する研究であり、本書では「後ろ向き (retrospective) 評価」とも呼ばれている。2000年頃までは非実験的研究が労働政策の効果測定の主流だったのに対して、2000年代半ば以降は実験的研究が急速に増加していることが分かる。これは、政策効果を測定する際には、実験的研究の方が推定結果の質が高く、信頼性の高いものであることが研究者のなかでコンセンサスになってきたからだと言える。カード教授らの研究でもうひとつ注目すべきが対象となった国の数である。積極的労働市場政策はヨーロッパを中心に行われてきているため、ドイツやデンマーク、スウェーデンといった国で数多くの研究が行われており、カード教授の論文ではアメリカや韓国等の研究も対象となっているが、日本を対象とした研究は含まれていない。もちろん、カード教授らの整理のなかに日本を対象とした研究が含まれていないからといって、日本で積極的労働市場政策の実験的研究が行われていないことを意味しているわけではないが[3]、実験的研究を行うためには研究者と

行政機関の連携が不可欠であり、日本でそうした研究が遅れがちであること
は間違いないと考えられる。

　統計学的手法を用いてパラメータや政策効果を計測することを「推定」と
呼び、推定された政策効果のことを「エビデンス」と呼ぶが、近年、先進諸
国を中心として「エビデンスに基づく政策形成（Evidence-Based Policymak-
ing: EBPM）」が推進されるようになってきている。EBPM を進めるために
は政策効果を丁寧に明らかにしていくことが不可欠であり、そのためには
RCT やフィールド実験が有用なツールになり得る。

　この解説ではまず、第1節でエビデンスの概念や EBPM の意義を説明す
る。EBPM を機能させるためには、エビデンスを「つくる」「つたえる」
「つかう」というプロセスが大切になるが、続く第2節ではそれぞれの役割
について解説する。第3節では本書の解説を行う。本書は RCT・フィール
ド実験のやり方に特化した解説書であり、本文中には数式や統計学的な用語
が多数用いられている。しかしここでは、EBPM に関心を持つ人が本書の
内容を可能な限り幅広く理解できるように、数学的もしくは統計学的な用語
をできるだけ用いずに、本書のエッセンスを解説していきたい。

A.1 エビデンスの定義と EBPM の重要性

A.1.1　エビデンスとは何か

　近年、アメリカやイギリスを中心として、EBPM の重要性が指摘される
ようになってきており、各国政府でも具体的な取り組みが進んできている。
日本でも EBPM の重要性が認知されるようになり、政府レベルの取り組み
が始まっている。

　それではエビデンスとはそもそも何なのだろうか。エビデンスの概要を整
理したものが図-A2である。図-A2では、「ファクト・事前分析結果」と
「エビデンス（政策の因果効果）」に分けたうえで、各項目の詳細と具体例を
示している。具体例としては貧困状態にある子どもに対する就学前教育プロ

3）例えば、研究成果が日本語論文で取りまとめられていれば、カード教授らのサーベイ
　からは漏れてしまう。

解説　エビデンスに基づく政策形成の考え方と本書のエッセンス　　103

図-A2　エビデンスの概要

具体例	ファクト・事例分析結果	エビデンス（政策の因果効果）				
		インプット	アクティビティ	アウトプット	アウトカム	インパクト
		施策に投じられたリソース	施策の具体的な活動	活動に基づく産出物	活動に基づく成果	最終的に生じた変化
就学前教育プログラム	■貧困状態にある子ども数 ■経済状況別の子どもの学力 ■現状の予算額	■就学前教育プログラムに要する予算・人員	■放課後に教育プログラムを提供	■教育プログラムの開催数 ■教育プログラムへの参加者数	■学力の向上 ■進学率の上昇 ■就業状況の改善	■所得の増加 ■社会保障給付の削減 ■貧困の連鎖の抑制

（出所）家子・小林他（2016）を基に筆者作成。

グラムを挙げている。

　「ファクト・事前分析結果」とは、社会的課題の現状や現在実施されている施策の予算規模などのことである。就学前プログラムの場合は、貧困状態にある子ども数や、経済状況別の学力状況、現在の施策に投じている予算額などがそれに該当する。例えば、貧困状態にある子ども数が増加しており、そうした状態の子どもほど学力が低いという傾向（相関関係）が分かれば、その課題の量的な影響度や社会的な重要性を把握することができるため、政策を行う上での重要な基礎情報となる。こうしたファクト・事前分析結果も、一般的には「エビデンス」と呼ばれることが多い。現在日本政府は、統計整備を EBPM の中心的な課題として位置付けているが、換言すれば、ファクトをきちんと把握しようとしていると言えるだろう。

　一方、「エビデンス（政策の因果効果）」とは、施策効果の「因果関係」を示すものである。前述の「貧困状態にある子どもほど学力が低い」という傾向はあくまでも相関関係を表すものであり、貧困状態が解決されたからといって子どもの学力が向上するかどうかは定かではない。一方、「貧困状態に陥ると子どもの学力が低下する」のであれば、それらは原因（貧困状態）と結果（学力の低下）の関係であり、因果関係となる。図-A2は、そうした施策がもたらす因果関係の流れをインプット→アクティビティ→アウトプット→アウトカム→インパクトと整理したものであり、「ロジックモデル」と呼

ばれている。インプットとは、施策に投じられたリソースであり、具体的には当該施策に要した予算や人員などである。貧困状態にある子どもに対する就学前教育プログラムを例にとると、プログラムに要する予算や人員などがインプットとなる。アクティビティとは、リソースの投入によって行われた具体的な活動であり、放課後に提供される教育プログラムなどが該当する。アウトプットとはアクティビティによってもたらされる直接的な産出物であり、就学前教育プログラムではプログラム開催数や参加者数などが該当する。アウトカムとは施策によって改善することが企図された成果であり、施策実施の目的となる指標である。就学前教育プログラムでは、学力や進学率の向上、就業状況の改善などが該当する。インパクトとは施策によって生じた最終的な変化であり、長期的なアウトカムや同じ政策目的を有する他の施策からの代替効果や、全体としての金銭価値なども含まれる。就学前教育プログラムでは、将来的な所得の増加や社会保障給付の抑制といった長期的なアウトカムが該当する。またプログラムによって労働供給が増加した場合、その代り働けなくなる人が増えてしまったり、労働供給の増加によって市場賃金が減少してしまったりするような「一般均衡効果」も含まれることになる。

　インプット・アクティビティによって、どの程度のアウトプット・アウトカム・インパクトが生まれるのかの「因果関係」を示したものが「エビデンス（政策の因果効果）」である。一般に「エビデンス」という場合はこちらを指すことが多い。この解説でも以降ではエビデンスという場合、こちらについて議論していく。

A.1.2　EBPM はなぜ重要なのか

　それではなぜ EBPM が重要なのだろうか。政策とは一般に、改善を要するなんらかの課題に対する「介入行動」だと定義することができる。例えば、失業が長期化しているという課題に対して職業訓練という介入を行うことや、進学率が低いという課題に対して奨学金を給付するという介入を行うことが政策である。しかし、職業訓練を受けている人ほど失業から脱出しやすいという「相関関係」があったとしても、もしくは奨学金を受給している人ほど進学率が高いという「相関関係」があったとしても、「因果関係」が分から

なければ政策によって課題を解決できるかどうかは分からない。政策とは本質的にはある社会課題を解決することが目的であり、課題解決につながらないような政策では目的を達成することができない。そのためエビデンス（＝介入によってアウトカムをどの程度改善しえるかの因果関係）を明らかにしたうえで政策を行うことが、決定的に重要になるのである。

　さらに日本では、別の観点からも EBPM の重要性が高まっている。戦後の人口増加・高度経済成長時代は、拡大するパイをさまざまなステイクホルダーに対して政策手段を通じて配分すれば良かった。しかし近年は、少子高齢化・人口減少と、それに伴う公的債務の増加・財政制約の高まりによって、税や社会保険料負担を高める必要が出てきたり、社会保障給付を抑制しなければならなかったりと、むしろ不利益を配分しなければならなくなってきている。しかもかつての日本と比較すると、働き方や家族構成、価値観などがますます多様化してきており、どういった給付・負担構造を構築していくかのコンセンサスを形成することが難しくなってきている。財政制約が高まるなかで、貴重なリソースを可能な限り有効に活用していくためにもエビデンスの重要性がますます高まっている。加えて、不利益を共有するためには納得感が不可欠であり、ファクトやエビデンスは政策論議を行うための客観的な共通言語になり得る可能性がある。

　図-A3は、途上国を対象に、さまざまな取り組みを100ドル分行った場合に、学校教育期間を何年延ばすことが可能かを、デュフロ教授らが整理したものである。条件付き現金給付とは要すれば金銭的な支援である。図をみると、条件付き現金給付は、確かに学校教育期間を増やす効果があるものの、費用対効果でみると非常に小さいことが分かる。教員の増員もプラスの効果はあるものの、費用対効果でみると非常に小さいことが分かる。その一方で、虫下し薬の配付や教育投資のリターンに関する情報提供は、100ドルで約30〜40年の学校教育期間の延長効果があり、非常に費用対効果が良いことが分かる[4]。すなわち、学校教育期間の延長というアウトカムを改善するため

4）ここでの「100ドルで約30〜40年の学校教育期間の延長効果」とは、1人の子どもについて学校教育期間を30〜40年延ばすことを想定しているのではなく、例えば、10人の子どもについてそれぞれの学校教育期間を3〜4年延ばすこと等が想定されている。

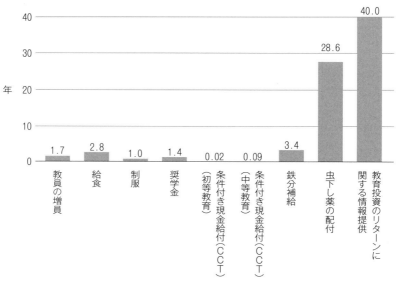

図-A3 100ドルで学校教育期間を何年延ばすことができるか

(出所) Esther Duflo, Social Experiments to fight poverty, TED

に、論理的にはさまざまな方法が考えられるものの、実際に費用対効果を計測すると、その差は非常に大きい可能性があるのである。つまり、EBPMを進めることによって、目的を達成するためのより良い手段を選択することにつながり得るため、多くの国でEBPMが推進されてきているのである。

A.2 EBPMのサイクル

EBPMを具体的に進めるためのサイクルを示したものが図-A4である。EBPMは、政策の効果を具体的に測定する「①つくる」、エビデンスを整理し誰でも分かりやすい形にまとめる「②つたえる」、エビデンスを基に政策的な意思決定を行う「③つかう」というプロセスに整理することができる。

以下ではEBPMサイクルの3つのプロセスについて詳述していく。

図-A4　EBPMのサイクル

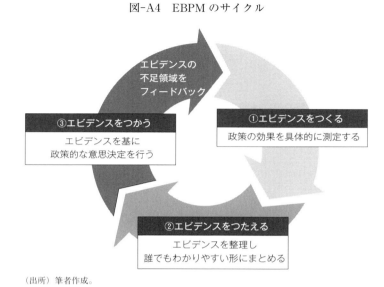

(出所) 筆者作成。

A.2.1 つくる

エビデンスを「つくる」とは、文字通り実際に行われた政策の効果（因果関係）を測定することを指している。エビデンスがなければ、「つたえる」ことも「つかう」こともできないため、エビデンスをつくることがEBPMの出発点となる[5]。

しかしエビデンスをつくることは想像するほど簡単なことではない。なぜエビデンスをつくることは簡単ではないのか。それは前述の「相関関係」と「因果関係」の違いに関わっている。ここではひとつの例から考えてみたい。

いま、進学率を高めたいという政策目的があって、それを奨学金の支給によって実現しようとしており、奨学金が進学率に与える効果を知りたいとする。データをみると奨学金受給者の進学率は70％であり、非受給者の進学率が40％であった。このケースでは、奨学金受給者の方が非受給者と比較して

---

[5] エビデンスを用いた政策・実践を進めていくためには、エビデンスを「つくる」よりも前に、「エビデンスを使いたい」というニーズや需要を創出することが大切となる。この点についてイギリスを例に論じたものとして、内山・小林他（2018）がある。

図-A5 相関関係を因果関係とみなせないケース

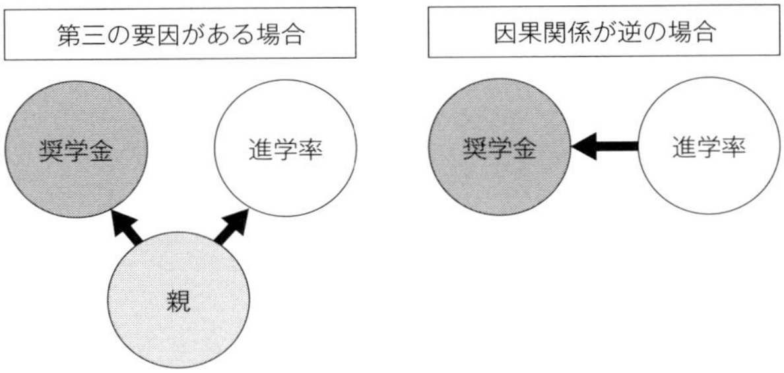

第三の要因がある場合　　　因果関係が逆の場合

奨学金　進学率　　奨学金　←　進学率

親

（出所）筆者作成。

進学率が30％高くなっている。この30％を奨学金が進学率に与える効果だと考えてよいだろうか。問題はそれほど簡単ではない。

　相関関係を因果関係とみなせない第一のケースが「第三の要因がある場合」である（図-A5左）。民間の奨学金の場合、情報が十分に周知されていないことも多いが、そうしたケースでは、親が教育に対して熱心な家庭の子どもほど奨学金を申請しやすいという傾向があるかもしれない。親が教育熱心であれば、通塾している割合が高かったり、日頃の学習習慣が根付いていたりする可能性もあり、その結果進学率が高まっているかもしれない。つまり、奨学金の受給によって進学率が高くなっているのではなく、親という第三の要因が、奨学金の受給率と進学率を同時に高めている可能性がある。このケースでは、奨学金を増やしたとしても進学率の改善は見込めず、むしろ有効なのは家庭環境等を改善していく施策であることになる。

　第二のケースが「因果関係が逆の場合」である（図-A5右）。学業成績がすぐれていて、進学率も高いと考えられる子どもに対して優先的に奨学金を支給している場合、奨学金受給者ほど進学率が高いという相関関係を因果関係とみなせなくなってしまう。また、政策現場において進学率の向上に対して強いプレッシャーがある場合、進学率の高そうな子どもに対して重点的に奨学金を支給するという歪みがもたらされる可能性もある。

図-A6 ランダム化比較試験（RCT）のイメージ

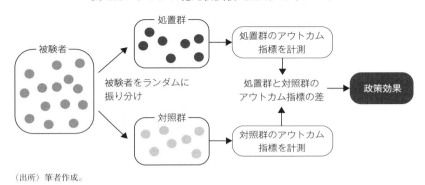

（出所）筆者作成。

■ランダム化比較試験（RCT）

　そうしたなかで近年、社会科学の分野でもよく用いられるようになってきたのが、本書の中心テーマである「ランダム化比較試験（RCT）」である。RCTのイメージを示したものが図-A6である。

　RCTはもともと医学の分野で効果測定に用いられてきた分析手法である。例えば新薬の効果を測定する場合、新薬を投与するグループ（「処置群」と呼ばれる）とプラセボ（効果のない偽薬）を投与するグループ（「対照群」と呼ばれる）に被験者をランダム（無作為）に割り当て、両グループのアウトカム指標を比較することで新薬の効果を測定する方法がRCTである。新薬が投与されるかどうかを被験者の意思に関わらずランダムにグループ分けすることにより、高い効果が見込まれる人ほど新薬を使うという「因果関係が逆」を防ぐことができる。また、新薬を飲む割合が高いほど健康状態が良いという傾向が、健康意識の高さという「第三の要因」に影響を受けていたとしても、新薬の投与をランダムに割り当てれば、健康意識の多寡に関わらず新薬の投与が決定されるため、それも排除することができる。

　RCTをはじめとした政策実験・社会実験は、費用の問題や倫理的な問題から、社会科学ではあまり行われてこなかった。しかし近年、開発経済学や労働経済学等の分野で頻繁に用いられるようになってきており、政策評価や政策の効果計測の「究極の方法」と呼ばれるまでになっている。社会科学の

表-A1　メリーランドスケールによるエビデンスの質の区分

レベル	内容
レベル1	処置群のみについて介入ごとアウトカムを分析
レベル2	介入前後におけるアウトカムの比較分析
レベル3	介入を受けなかった対照群と処置群の比較分析
レベル4	処置群と対照群の類似性を統計的手法によって確保した上での比較分析
レベル5	処置群と対照群のランダム割当による分析（RCT）

（出所）What Works Centre for Local Economic Growth "Guide to Scoring Methods using the Maryland Scientific Methods Scale" および NAO "Evaluation in Government" 2013より作成。

分野における RCT は、実際の社会のなか（フィールド）で行われるため「フィールド実験」とも呼ばれるが、その旗手が本書の著者の一人であるエステル・デュフロ教授である。フィールド実験の理論とコツをまとめたのが本書であり、エビデンスのつくり方に関するガイドブックである。

■エビデンスの質と推定された政策効果の大きさ

　RCT を用いて得られたエビデンスは質が高いとされている。エビデンスの質についてはアメリカのメリーランド大学が開発した「メリーランドスケール」と呼ばれる区分がある。メリーランドスケールでは、エビデンスの質（Robustness）を5つのレベルに区分している（表-A1）。もっとも質が低いレベル1は、対照群との比較を行わずに、政策実施後の処置群のアウトカムのみから政策効果を測定する方法である。レベル2は、政策実施前後のアウトカムの差から政策効果を測定する方法である。レベル1やレベル2に基づいて推定された政策効果はエビデンスの質が低く、信頼性の低い結果だと判定される。レベル3は、政策を受けた処置群と受けていない対照群を比較する方法だが、ランダム化は行っていない場合である。レベル4は、統計的な手法を用いて処置群と対照群の間の特徴の違いを可能な限りコントロールして政策効果を測定する場合であり、これは RCT ではないが、「あたかも実験が行われたような状況（自然実験）」を利用した分析が含まれる。こうした分析から得られたエビデンスはかなり質が高いものとなる。レベル4で用いられる分析手法としては、操作変数法、マッチング法、回帰不連続デザイ

図-A7　エビデンスの質と具体例

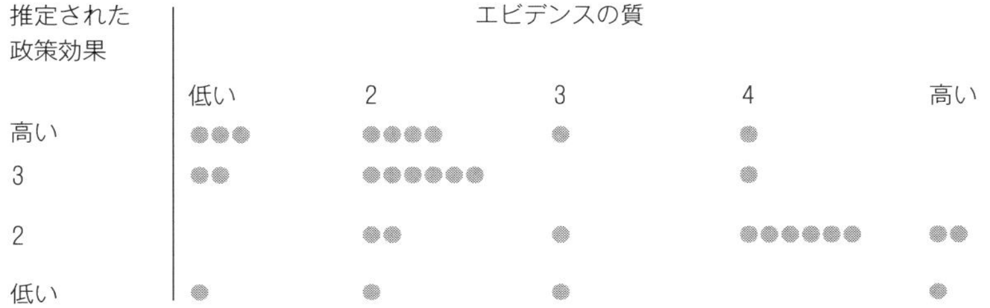

推定された
政策効果

エビデンスの質

	低い	2	3	4	高い
高い	●●●	●●●●	●	●	
3	●●	●●●●●●		●	
2		●●	●	●●●●●●	●●
低い	●	●	●		●

（注）「エビデンスの質」はメリーランドスケールに基づく。推定された政策効果は、低い＝小さい
　　　もしくは統計的に有意ではない、2＝プラスの効果とマイナスの効果が混在している、3＝
　　　不確実性や留意は伴うもののプラスの効果、4＝統計的に有意なプラスの効果。
（出所）NAO "Evaluation in Government" 2013

ンなどが用いられる。こうした手法については、伊藤（2017）や中室・津川
（2017）が一般向けの解説書であり、本解説の後半でも一部説明を行う。そ
してエビデンスの質がもっとも高いレベル5に該当するのがRCTである。
RCTから得られたエビデンスは異論を差し挟む余地が小さいため、政策効
果を測定する際の理想的な方法とされている。

　なぜこのようにエビデンスの質が重視されるのだろうか。それはエビデン
スの質が政策的な意思決定に大きな影響を与えると考えられるからである。
図-A7は、イギリスの会計検査院（National Audit Office: NAO）が、イギリス
政府が実施している政策効果の測定をレビューしたうえで、エビデンスの質
と推定された政策効果の関係性をプロットしたものである。この図から明ら
かに分かるように、エビデンスの質が低い場合ほど、政策の効果が高いと判
定されてしまう可能性が高い。メリーランドスケールでは、レベル3以上で
あればエビデンスをある程度信頼できるが、質の低い方法で政策効果を測定
すると、政策の効果があると誤って判断してしまう恐れが強く、政策判断を
誤らせてしまう可能性が高いのである。

　こうしたことから、政策効果の測定に際してはRCTの有用性が認識され
てきたのである。

A.2.2 つたえる

つくられたエビデンスは、統計分析の結果として学術論文や研究レポートの形で公表されることが多い。しかしながら、そうした論文等は学術的であることが多いため、そのままでは政策担当者や実務家にとっては理解が難しく、意思決定に用いることができない。

そこで大切になってくるのが「つたえる」というフェーズである。「つたえる」では、既に明らかになっているエビデンスを、政策担当者や実務家が理解できる形に「翻訳」していくことが必要である。本節では「つたえる」ために用いられることが多いシステマティック・レビュー、エビデンス・ギャップ・マップ、そしてツールキットと呼ばれるデータベースを紹介したい。

■システマティック・レビュー

個別の研究論文を読み、それらを意思決定に活かすことは、政策担当者や実務家にとってはハードルの高いことである。また個別の研究は、あくまでも特定の国・地域における特定の政策・施策の効果を検証したものに過ぎないため、その結果を一般化できるかどうかも定かではない。

システマティック・レビューとは、特定の施策・取り組みについて、「利用可能な最良のエビデンス（best available evidence）」をシステマティック（系統的）に整理・統合する手法である。システマティック・レビューの場合、どういった基準に基づいて既存研究を収集するか、研究の質や妥当性をどう評価するか、それらをどのように統合するかの基準を、包括的かつ厳格に行うため、整理・統合プロセスにおける恣意性が入りにくい点が特徴である。政策担当者・実務家は、個別の研究論文を読まなくても、システマティック・レビューさえ読めば、関心のある施策・取り組みが平均的にどういった効果を持ち得るのかを把握することができるため、意思決定に活かすことが可能になる。

システマティック・レビューは、もともとは医療分野で始まったものであり、1992年に立ち上げられたコクラン共同計画（Cochrane Collaboration）において精力的につくられてきた[6]。その後、システマティック・レビューは社会科学の分野にも広まってきており、キャンベル共同計画（Campbell Col-

laboration)、International Initiative for Impact Evaluation（3ie）、イギリスの
What Works Centre[7]などで作成されている。例えば Filges et al.（2018）は
小中学校における学級の小規模化に関するシステマティック・レビューであ
るが、学級の小規模化は学力に対してはあまり大きな効果を有していないと
結論付けている。

■エビデンス・ギャップ・マップ

　エビデンス・ギャップ・マップとは、介入（施策・取り組み）とアウトカ
ムごとに、既存のエビデンスの状況を整理したものである。途上国における
初等・中等教育を例に、エビデンス・ギャップ・マップのイメージを示した
ものが図-A8である。図は、開発分野におけるエビデンスを整理・収集して
いる International Initiative for Impact Evaluation（3ie）がウェブサイト上
で公開しているエビデンス・ギャップ・マップを参考に作成している。

　エビデンス・ギャップ・マップの縦軸には介入が並んでいる。学校教育の
場合、生徒、家庭、学校、システム等に対する介入が縦軸に並んでおり、例
えば生徒に対する学校給食、家庭に対する現金給付、学校におけるコンピュ
ータ学習の導入、教師に対するインセンティブの導入、官民連携・民間サー
ビスの導入などが並んでいる。一方、横軸には、教師のパフォーマンスや生
徒の出席や学習・成績など、アウトカム指標が並んでいる。

　エビデンス・ギャップ・マップの各セルには、既存のエビデンスの状況が
整理されている。○の白抜きの円はインパクト評価（効果検証）の有無を表
しており、●・●・●のグレーの円はそれぞれ信頼度の高いシステマティッ
ク・レビュー、中程度のレビュー、低いレビューの有無を整理している。円
の大きさは、インパクト評価やシステマティック・レビューの数を表してい
る。例えば、生徒の学習・成績に対するコンピュータ学習の効果についてみ
ると、○のインパクト評価の円が大きくなっており、数多くの効果測定が行
われていることが分かる。3ie のエビデンス・ギャップ・マップの場合、○
を選択すると、何件のインパクト評価が行われているのかと、具体的な研究

6）コクラン共同計画とシステマティック・レビューについては、津谷（2000）参照。
7）WWC については後述。家子・小林他（2016）および内山・小林他（2018）も参照。

A.2 EBPMのサイクル

図-A8　エビデンス・ギャップ・マップの例：初等・中等教育

介入		アウトカム							
		教師		生徒					
		出席	パフォーマンス	入学	出席	中退	進級・卒業	認知能力	学習・成績
生徒レベル	学校における健康介入				○				○
	学校給食			○○●	○○	○○	○	○	●○●●
	成績に基づく奨学金	○	○	②システマティック・レビュー			○	○	●○●
家庭レベル	現金給付			○○●●	○○●	○○	○		●○●
	学費の減免			●	●	●			
学校レベル	カウンセリング					○	⑱インパクト評価 Duflo et al.(2010) Glennerster(2008)…		○○●
	コンピュータ学習			○	○	○			○○●
	補習						エビデンス・ギャップ		○
教師レベル	教師向けインセンティブ	●○	●○						
	訓練プログラム	○	○						
システムレベル	地域におけるモニタリング	●○		●○	○				●○●
	官民連携・民間サービス			○		○			●○

○ インパクト評価（効果検証）
● 信頼性が高いレビュー　　● 信頼性が中程度のレビュー　　● 信頼性が低いレビュー

（出所）International Initiative for Impact Evaluation（3ie）の「Primary and Secondary Education Evidence Gap Map」を参考に作成

を参照することが可能である。●・●・●の円も同様であり、例えば図では、家庭に対する現金給付のうち、生徒の入学、出席、中退、進級・卒業、学習・成績についてはシステマティック・レビューが存在することが分かる。生徒の出席に対する家庭への現金給付の円を選択すると、2つの信頼度の高いシステマティック・レビューが行われていることが分かり、具体的な研究を参照することもできる。

　エビデンス・ギャップ・マップという名称からも分かるように、この図からどの分野のエビデンスが不足しているのかという「エビデンス・ギャップ」も把握することができる。例えば図では、学校レベルの補習や教師レベルの介入が生徒に及ぼす影響については、既存研究が少なく、エビデンス・ギャップが生じていることが分かる。

　こうしたエビデンス・ギャップ・マップが整備されることによって、政策担当者や実務家等は個々の研究をレビューせずとも、既存研究の状況を一目で把握することができるため、意思決定に活かすことが可能となる。また、研究者に対しても、現段階でどういった分野のエビデンスが不足しているのかを示すことにもつながるため、エビデンスの「需要（現場からのニーズ）」と「供給（研究）」のマッチングにも資することになる。

■ツールキット

　イギリスには、EBPM を推進する機関として What Works Centre（WWC）が設立されている。WWC はキャメロン政権成立後に設立が進められた組織だが、これは直訳すれば「どういった政策が機能するのかセンター」である。キャメロン政権成立以降、教育、医療、犯罪、地域経済など多様な政策分野ごとに WWC が設立されている[8]。WWC は、エビデンスを「つくる」、「つたえる」、「つかう」という3つの機能をすべて有しているが、エビデンスを「つたえる」ために作成しているのがツールキットである。世の中にエビデンスが存在していたとしても、その結果が学術論文や統計分析の結果として公表されているだけでは、政策担当者や実務家がそれを活用し

8）What Works Centre の詳細については、家子・小林他（2016）、内山・小林他（2018）、Gough, Maidment, and Sharples（2018）などを参照。

図-A9 Education Endowment Foundation が作成しているツールキット

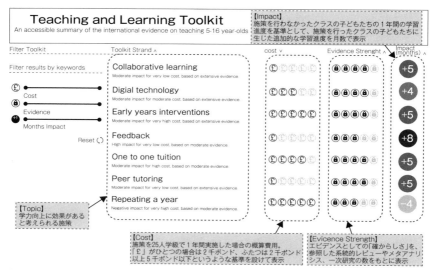

(出所) Education Endowment Foundation ホームページより作成

て意思決定することは簡単ではない。また、システマティック・レビューの形式で既存のエビデンスが整理されていたとしても、それは個別の政策・取り組みのエビデンスを示しているだけであり、複数の政策・取り組みの選択肢を横並びで比較して、意思決定を行っていくのは簡単ではない。そうしたハードルを乗り越えるものとして作成されているのが WWC のツールキットである。

教育分野に関する WWC である Education Endowment Foundation が、ホームページ上で公表しているツールキットを示したものが図-A9である。1列目には、教育に関する具体的な取り組みが記載されている。例えば「Collaborative learning」とは、少人数で共通の目的に向かって活動・学習する教育プログラムであり、「Early years interventions」とは、就学前の教育プログラムである。2列目には各教育プログラムの費用がポンドマークの数で示されており、ポンドマークが多いほど費用を要するプログラムであることが分かる。3列目にはエビデンスの確からしさ（強さ・信頼性）が示されており、数多くの RCT やシステマティック・レビューによって効果が確

認されているプログラムほど、確からしさが高まる。最後の4列目に示されているのは、プログラムの効果であり、追加的に何か月分の教育を行ったことに相当するのかが数値で示されている。

ツールキットをみると、もっとも効果の大きなプログラムは「Feedback」であることが分かる。Feedback とは、生徒もしくは先生に対して、生徒の学習到達状況を情報提供するものであり、それによって生徒や先生は、目標達成に向けて学習計画を立て直したり、学習を改善したりすることを促すものである。Feedback のエビデンスの確からしさは「3」であり、エビデンスのレベルは決して高くはないものの、プログラムによって追加的に8か月分の教育効果が期待できる。また、コストも非常に安価であるため、費用対効果に優れた教育プログラムであることが分かる。その他に、効果が大きくて、コストが安価で、エビデンスのレベルが高い教育プログラムとしては「Collaborative learning」と「Peer tutoring」がある。Peer tutoring とは、生徒たちをペアもしくは小グループに分けて、お互いの学習をサポートさせるプログラムである。これらのプログラムは、安価なコストで5か月分の教育効果が期待できる。一方、「One to one tuition」は、先生による生徒の個別指導である。One to one tuition も Peer tutoring と同様の教育効果が期待できるものの、個別指導である分コストが高くなっている。また、「Early years interventions」は就学前の教育プログラムであり、効果も大きいが、コストも最大レベルとなっている。逆に、「Repeating a year」は成績不振者を留年させることだが、留年によって大きな教育コストを有するにも関わらず、効果はマイナスであることが示されている。

A.2.3　つかう

エビデンスは、最終的には政策的な意思決定に活用されないと意味を持たない。そのため、「つかう」フェーズが非常に重要となる。その際に重要となるのが、エビデンスの作成者（供給者）主導で EBPM を進めるのではなく、利用者（需要者）の視点で進めていくことである。質の高いエビデンスがあったとしても、政策ニーズや利用可能な政策手段とマッチしていなければ、意思決定に利用することはできない。例えば、「モチベーションの高い

子どもに対する教育支援は効果が大きい」というエビデンスがあったとして
も、子どもたちのモチベーションが低い状態なのであれば、はじめに子ども
たちのモチベーションを上げなければならない。しかしモチベーションを上
げる方法に関するエビデンスがなければ、それを実現することはできない。
また、モチベーションの高い子どもを特定する手段がなければ、そうした子
どもに支援策を届けることもできない。こうした状況では、「モチベーショ
ンの高い子どもに対する教育支援は効果が大きい」というエビデンスを意思
決定に活用することはできないのである。EBPM を進めるためには、需要
者側の視点に立って意思決定に必要なエビデンスをつくり・つたえていく視
点が不可欠である。

　エビデンスをつかうためには、第一に利用者側のエビデンスに対するリテ
ラシーを高めていく必要がある。世の中には、日々さまざまな調査結果が生
み出されているが、前述したような相関と因果の区別や、ランダム化比較試
験の基本的な考え方を、エビデンスの利用者側が理解して、研究結果の活用
能力を高めていく必要がある。

　第二に、意思決定におけるエビデンスの活用を制度化していくことが求め
られる。例えば、エビデンスのある政策とない政策があったとしても、予算
編成等の政策立案過程でエビデンスを用いた意思決定が行われなければ、エ
ビデンスを参照し、活用しようというインセンティブは発生しない。エビデ
ンスのある政策に重点的に予算を配分したり、エビデンスを活用している行
政官を評価するような人事制度が必要となる。

A.3 フィールド実験のやり方：本書のエッセンス

　以上で、EBPM の意義や EBPM に不可欠な構成要素について説明してき
た。前述した通り、政策の効果を明らかにすることは決して簡単ではないが、
そのための強力なツールが RCT であり、RCT は学術研究だけではなく、
実際の政策現場でも活用されるようになってきている。RCT の基本的な考
え方は非常に単純であり、政策の潜在的な対象者を処置群と対照群にランダ
ムに割り当て、その効果を測定するだけである。しかし、RCT を現実社会

のなかで使おうとすると、さまざまな障害に直面する。

　本書は RCT を現実社会（フィールド）で適用するための方法を理論的・実践的に解説したものだが、本節ではそのエッセンスを解説していきたい。

A.3.1　なぜランダム化が必要なのか

　政策の効果検証の難しさと RCT の基本的な考え方は前述の通りだが、本書の第 2 章では Rubin（1974）の「潜在アウトカム（potential outcome）」の枠組みを用いて、それをより詳細に説明している。潜在アウトカムの基本的な考え方は、処置（プログラムや政策）を受けた場合のアウトカムと受けなかった場合のアウトカムを比較することによって、処置効果（treatment effect）を推定しようというものである。しかし実際には、ある個人について、処置を受けた場合のアウトカムと処置を受けなかった場合のアウトカムを同時に観測することはできない。そのため、処置群（処置を受けたグループ）と対照群（処置を受けなかったグループ）の平均的なアウトカムの差を比較する方法を取らざるを得ないが、その場合、さまざまな選択バイアス（selection bias）が入り込まざるを得ないため、政策の効果測定を正確に行うことは難しくなる。

　例えば、前述の奨学金と進学率の例で考えると、第三の要因がある場合や因果関係が逆の場合は、処置群と対照群の属性が異なっているため、選択バイアスがあり、処置群と対照群のアウトカムを比較するだけでは政策の効果を正確に推定することができなくなってしまう。

　もしも処置群・対照群の割当をランダムに行うことができれば、処置が行われなかった場合の処置群のアウトカムの期待値と、対照群のアウトカムの期待値は等しくなるはずであるため、両群の潜在アウトカムは等しくなり、選択バイアスはゼロとなる。そのため、RCT を行った結果、処置群と対照群のアウトカムに差が生じているのであれば、それを政策の効果だとみなすことが可能となるのである。

A.3.2　現実社会におけるランダム化

　このように、RCT の考え方は非常にシンプルであり原理はいたって単純

である。しかしながら、現実社会でフィールド実験をしようとすると、数多くの壁にぶつかることになる。本書の第3章では、現実社会でどのようにRCTを行うことができるか、その課題などを整理している。

■パートナーとの協業

フィールド実験を行い、政策の効果を検証していくためには、言うまでもなくフィールドが不可欠となる。通常、実験をするためのフィールドを研究者自らが有しているケースはほとんどないため、パートナーと協業することが不可欠となる。パートナーとしては、政府、民間企業、NGO（非政府組織）などが考えられる。

政府と連携してフィールド実験を行うことができれば、大規模な効果検証が可能になったり、効果検証の結果を政策的な意思決定にそのまま活用できるといったメリットがある。また政府と連携することによって、政府が実施している統計調査や政府が保有している行政データを利用できる可能性も高くなり、実験時のデータ収集コストを抑制できる可能性がある。しかしながら、政府の意思決定は民間企業やNGOよりも時間がかかり、合意を得ることも難しい場合が多い。例えばフィールド実験を行う場合、障害となり得るのが倫理面や公平面である。政策の割り当てをランダムに行うことや、処置群と対照群に分けることなどが社会的に受け入れがたい場合、政府としてもそうしたフィールド実験を行うことは当然難しくなる。

その一方で、民間企業やNGOと連携する場合、社会全体や地域全体をフィールドとすることは難しいが、よりスピーディーに先進的なプログラムに取り組める可能性が高くなる。例えばNGOでは、ファンドレイジングや事業改善のために、自らの事業の効果を客観的・学術的に把握したいというニーズを持っている場合も少なくない。実験設計も、政府と連携する場合と比較して、柔軟に行える場合が多い。

パートナーが持つ関心や彼らの強み・弱みなどを踏まえながら、パートナーと良好な関係を構築していくことがフィールド実験の実施には不可欠な要素であり、これは伝統的な経済学の実証分析で求められるスキルとは異なったものである。

■フィールド実験実施の適切なタイミング

　政府と連携してフィールド実験を実施する適切なタイミングは、政策を全面展開する前のパイロット段階である。パイロット事業の結果を踏まえて政策の全面展開の可否を判断することが想定されている場合、フィールド実験によって政策の効果が正確に把握できれば政府にとってもメリットが大きい。一方で、既に全面展開されている政策の効果をフィールド実験によって検証する場合、政策現場での運用を変更する必要が生じたり、全面展開されているにも関わらず政策の効果が確認できなかったりする可能性があるため、政府はそれをリスクだと感じることがあり、フィールド実験の実施に二の足を踏むことにもなりかねない。

■単純な RCT が難しい場合のアプローチ：RCT の工夫

　適切なフィールドが見つかり、パートナーとの連携関係を構築できたとしても、さまざまな理由から単純な RCT が難しいケースは少なくない。例えば前述のような倫理面や公平面への配慮である。政策をランダムに割り当てる場合、政策「実験」的な要素が強調されることになり、RCT を行えなくなることもある。

　本書の第 3 章では、そうしたケースでのランダム化の工夫の方法を紹介しており、それを整理したものが表-A2である。ここでは、①応募超過法、②段階的導入のランダム化、③グループ内ランダム化、④奨励設計の 4 つが紹介されている。

　応募超過法とは、RCT を行いたいが予算やキャパシティの制約から規模を限定せざるを得ない場合、被験希望者のなかからランダムに処置群と対照群に割り当てる方法である。多くの政策において、予算制約等によってすべての希望者に対して支援を提供できないことは多い。例えば、先進事例をつくるためのモデル事業などでは、応募者の一部を予算の範囲内で支援先に選定することがよくある。そのため応募超過法は、実際の政策実務にもフィットした手法であると言える。一方で応募超過法のデメリットは外的妥当性が弱くなりやすいことである。応募超過法で検証できるのは「被験希望者のなかでの処置効果」であり、被験を希望しなかった人に対する処置効果は分か

表-A2 RCTの工夫

	応募超過法 (Oversubscription Method)	■ RCTを行いたいが、予算やキャパシティの制約から規模を限定せざるを得ない場合、被験希望者の中から、ランダム化を行う方法。 ■ ただしこの方法を用いてランダム化した場合、実験参加希望者のみが分析対象となるため、効果の外的妥当性（External Validity）について注意が必要となる。
	段階的導入のランダム化 (Randomized Order of Phase-In)	■ 政策を段階的に導入していく際に、導入の順番をランダムに決定する方法。予算やキャパシティの問題から、一度に大規模の実験が行えない場合や、政策を受けるグループと受けないグループ間の公平性に課題がある場合などに適用できる。（最終的には皆が処置を受けられるので） ■ 欠点は、段階的導入のスピードが速すぎると長期の効果を測定できないこと。
	グループ内ランダム化 (Within-Group Randomization)	■ 全ての対象者をランダム化することが難しい場合や、逆に全ての対象者に政策を行わなければならない場合の方法がグループ内ランダム化。 ■ 例えば、ある小学校では3年生のみに政策を行い、その他の学校では4年生のみに政策を行う場合、ランダム化出来ているうえで、全ての学校に対して同じ政策を実施できる。
	奨励設計 (Encouragement Design)	■ 倫理的問題や実務的問題から政策をランダムに割り当てることが難しい場合、政策自体をランダムに割り当てるのではなく、「政策の奨励」をランダムに割り当てる方法。 ■ 政策の奨励を受けたかどうかを自然操作変数（Natural Instrumental Variable）として利用することによって、政策効果の推定が可能となる。 ■ 政策への参加とアウトリーチの両方に関心がある場合は、特に有効な方法となる。

（出所）原書をもとに筆者作成。

らない。一般に、被験希望者は意欲等の高いケースが多く、被験希望者に対する処置効果が分かったとしても、それをその他の人にまで一般化できるかどうかは留意が必要となる。

　段階的導入のランダム化とは、ある政策を段階的に導入していく際に、導入の順番をランダム化する方法である。実際の政策実務でも、いきなり全国展開するのではなく、いくつかの地域からスタートし、その状況をみながら徐々に全国展開していく手法が取られることは多い。段階的に導入する順番をランダムに決定できるのであれば、それをRCTとみなして効果検証することが可能となる。段階的導入を用いると、最終的にはすべての人が政策を受けることが可能であるため、公平性の問題を一定程度解決することが可能

となる。一方で、段階的導入のランダム化の欠点は、スピーディーに段階的導入を進め過ぎると、長期効果を測定することができなくなる点である。例えば、初年度に半分の地域を処置群とし、翌年度にはすべての地域を処置群とした場合、効果が検証できるのは初年度だけになってしまい、政策に中長期的な効果があったとしてもそれを検証することはできなくなってしまう。そのため、段階的導入のランダム化は、施策の効果が比較的短期に分かりそうなものへの適用可能性が高いと言える。

　グループ内ランダム化とは、各グループ内のサブグループレベルでランダム化を行うことによって公平性に配慮する方法である。例えば、各地域を処置群と対照群に割り当てることが難しく、すべての地域を処置群にせざるを得ないケースの場合、地域内のサブグループレベルでランダム化を行い処置群と対照群に割り当てることができるのであれば、すべての地域で政策を行うという要求を満たしながら、RCT による効果検証を行うことが可能となる。

　奨励設計とは、倫理的な問題や実務的な問題から政策をランダムに割り当てることが難しい場合、政策自体をランダムに割り当てるのではなく、「政策の奨励」をランダムに割り当てる方法である。例えば、希望者全員に対して支援を行わなければならない政策の場合、処置群と対照群にランダムに被験者を割り当てることはできない。しかしながら、「政策を受けることを奨励すること」はランダムに行えるケースがあるかもしれない。例えば、希望者を募集するために通知や広報をする際、通知・広報を行うグループと行わないグループにランダムに分けることができれば、通知・広報をしたかどうかを操作変数とした推定を行うことが可能となり、政策の効果を測定することが可能となる。奨励設計の利点は、ITT（Intention to Treat）と局所平均処置効果（Local Average Treatment Effect: LATE）を同時に推定できることである。前述のケースでは、「通知・広報→政策支援→政策効果」という経路が想定されるが、ITT とは、通知・広報から政策効果までの全体の効果のことである。政策の現場でも、支援制度は用意したものの利用者が少なく活用されていないケースは多い。そのため、最近の福祉政策では、支援制度を用意して希望者からの申請を待つのではなく、アウトリーチ[9]を行うこと

によって支援を必要とする人に支援策を積極的に届けていくことが行われる
ようになってきている。ITT が分かれば、「アウトリーチ→政策援策→政策
効果」という一連の政策効果を把握することが可能であるため、政策立案上
重要な情報になる。一方で、政策支援の直接的な効果である「政策支援→政
策効果」のことを局所平均処置効果と呼ぶ。「局所（Local）」と呼ばれるの
は、「もともと政策を受けるつもりはなかったものの、通知・広報やアウト
リーチによって政策を受けるようになった人」に限定された政策効果の測定
となるからである。

　政策を受けるかどうかの類型を整理したものが表-A3である。通知・広報
やアウトリーチがある場合には政策を受け、ない場合には政策を受けない人
のことを「Complier」と呼ぶ。奨励設計で推定できる平均処置効果は Com-
plier に関する処置効果であるため、局所平均処置効果と呼ばれる。通知・
広報やアウトリーチの有無に関わらず政策を受ける人は「Always-taker」
と呼ばれ、逆に通知・広報やアウトリーチの有無に関わらず政策を受けない
人は「Never-taker」と呼ばれるが、奨励設計を用いても、こうした人々に
対する処置効果は把握できないことに注意が必要である[10]。

　奨励設計を用いる上では、あと 2 つ留意点がある。ひとつは「Defier」が
いないことである。表-A3に示されているように Defier とは、通知・広報
やアウトリーチを受けた場合は政策を受けず、通知・広報やアウトリーチを
受けなかった場合は政策を受けるという Complier とは逆の行動を取る人た
ちのことである。こうした人たちがいる場合、奨励設計を用いても局所平均
処置効果を推定することはできなくなってしまう。もうひとつは、Com-
plier の多さである。奨励設計で推定できる処置効果は局所平均処置効果で
あるため、通知・広報やアウトリーチによって行動が変容する Complier の
割合が小さいと、効果検証が難しくなってしまう。これは弱い操作変数
（Weak IV）と同様の問題であり、効果的な通知・広報またはアウトリーチを

9）今までの福祉政策では、生活保護の給付をはじめとして、希望者からの申請があった
　後に支援を行う形が一般的だった。一方でアウトリーチとは、希望者からの申請を待つ
　のではなく、支援を必要とする人に対して行政が積極的に支援を行うことをいう。
10）こうした問題については、本書の第 6 章で詳述されている。

解説　エビデンスに基づく政策形成の考え方と本書のエッセンス　*125*

表-A3　政策を受けるかどうかの類型

類型	通知・広報やアウトリーチあり	通知・広報やアウトリーチなし
Complier	政策を受ける	政策を受けない
Defier	政策を受けない	政策を受ける
Always-taker	政策を受ける	
Never-taker	政策を受けない	

（出所）筆者作成。

つくり出せないと、奨励設計を用いた効果検証はできなくなってしまう。

A.3.3　準実験的方法の活用

　本書の中心テーマは RCT だが、第 2 章では準実験的方法も紹介されている。RCT に比べると厳密性は落ちるものの、RCT が難しいシチュエーションでは、準実験的方法の活用も検討に値する。

■回帰不連続デザイン

　RCT が使えない場合の有力な選択肢が回帰不連続デザイン（Regression Discontinuity Design: RDD）である。回帰不連続デザインは、処置群になるか対照群になるかが、ある単一の基準によって決定される場合に利用可能な検証手法である[11]。実際の政策現場でも、例えば企業に対する補助金施策などのケースでは、公平性の確保や説明責任を果たす観点から、補助金の申請書等に基づいて外部審査員が審査を行い、評価の高い企業から順番に補助金を交付しているケースが多い。こうしたケースでは回帰不連続デザインを用いた効果検証が可能となる。

　回帰不連続デザインのイメージを示したものが図-A10である。この例では、横軸は補助金の申請書の得点など施策の対象・非対象を決定する基準であり、縦軸は、売上高や生産性といったアウトカム指標である。申請書の得点が高い企業は、もともと競争力が高く業績等も好調な企業が多いと考えられる。そのため、得点が高い企業ほどアウトカム指標も高くなるような右上

11）回帰不連続デザインは、処置群になるか対照群になるかの基準が複数（多次元）の場合にも拡張可能である。詳細は、Cattaneo et al.（2018b）参照。

図-A10　回帰不連続デザインのイメージ

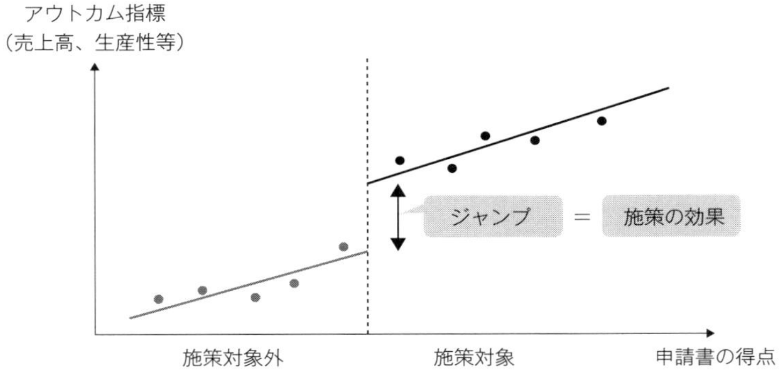

（出所）筆者作成。

がりの関係があると考えられる。しかし、対象・非対象のぎりぎりに位置している企業については、企業特性はかなり似通っているものと考えられるため、もし図のような「ジャンプ」があれば、これを施策の効果とみなすことが可能となる。

　準実験的手法のなかでも、回帰不連続デザインは適切に用いれば、RCTに比肩する有効な効果検証手段になり得ることが指摘されている。例えばBuddlemeeyer and Skofias（2003）は、ランダム化比較試験の結果をベンチマークとすることで、回帰不連続デザインによる分析結果の正確性を検証しており、回帰不連続デザインのパフォーマンスは良好であることを指摘している。Cook et al.（2006）も回帰不連続デザインを用いた分析はRCTに近い結果が得られると報告しており、Chaplin et al.（2018）も同様の結論を得ている。

　回帰不連続デザインの実際の利用方法については、Cattaneo et al.（2018a, b）が非常に有益な解説書である。

■マッチング

　回帰不連続デザインが利用できない場合の選択肢のひとつがマッチングである。マッチングでは、観測可能な変数で条件付けることによって、処置群

図-A11 マッチングのイメージ

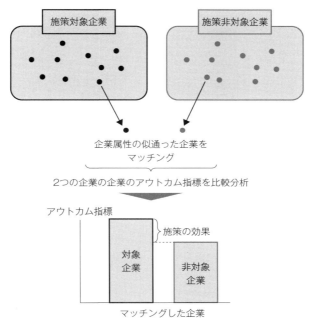

（出所）筆者作成。

と対照群の潜在アウトカムが等しくなると仮定できる場合に適切な手法となる。マッチングのイメージを示したものが図-A11である。

　先ほどと同様に、企業に対して補助金を交付する政策を考える。有望な企業に対して補助金を支給している場合、補助金の対象企業の方が非対象企業と比較してアウトカム指標が優れている傾向にあると考えられる。その状態で、補助金の対象企業と非対象企業のアウトカムを比較したとしても、選択バイアスが残ってしまうため政策の効果を明らかにすることはできない。しかしながら、観測可能な変数で条件付けることによって処置群と対照群の潜在アウトカムが等しくなるのであれば、両群のアウトカムの差を政策効果だとみなすことが可能となる。つまり、施策対象企業と属性の似通った非対象企業をマッチングさせてアウトカムの差を分析することによって、政策効果を明らかにすることができるのである。

図-A12　差の差推定のイメージ

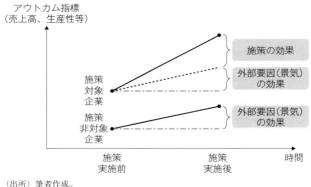

(出所) 筆者作成。

　この手法の欠点は、「観測可能な変数で条件付けることによって、処置群と対照群の潜在アウトカムが等しくなる」と仮定できるかどうかにある。この仮定が成り立っているのかは、分析の都度確認をしていく必要があり[12]、政策を受けるかどうかが内生的に決定される場合は、利用可能な変数のみを用いてこの仮定を満たすことは簡単ではない。

■差の差推定
　差の差推定 (Difference-in-Differences Estimation) とは、施策実施前後のデータを用いることで、トレンド要因を取り除いたうえで効果測定する方法である。企業への補助金交付政策を例に、差の差推定のイメージを示したものが図-A12である。図表では施策の実施前から実施後にかけて、採択企業のアウトカム指標が大きく上昇している。しかしその上昇分のすべてが施策の効果ではなく、一部に外部要因（景気）等が含まれている可能性がある。差の差推定では、そうした外部要因は施策非対象企業に表れていると仮定して、政策の効果のみを抽出する方法である。

---

[12] 本書でも紹介されているように、今までは傾向スコア (Propensity Score) を用いたマッチングが行われることが多かった。しかし近年は、傾向スコアをマッチングに用いるべきではないと指摘する研究が増えてきている。King and Nielsen (2019) 参照。

解説　エビデンスに基づく政策形成の考え方と本書のエッセンス　　*129*

　差の差推定の課題は、政策が行われなかった場合に、処置群と対照群が同じトレンドで平行推移していたと仮定できるかどうかにある。この仮定が満たされなかった場合、差の差推定では政策効果を測定することはできない[13]。

A.3.4　実験的方法・準実験的方法の整理と使い分け

　本書で紹介されていない手法も含めて、実験的方法および準実験的方法の概要と、それぞれの強み・弱みを整理したものが表-A4である。表のうち、本書で紹介されていない方法が「合成コントロール法（Synthetic Control Method）」である。合成コントロール法は、Abadie and Gardeazabal（2003）が開発し、Abadie, Diamond, and Hainmueller（2010）や Abadie Diamond, and Hainmueller（2015）が発展させた手法である。RCT や他の準実験的手法の場合、処置群に含まれる主体の数が 1 もしくは少数の時は統計的な分析ができない。しかし合成コントロール法では、政策を受ける単一主体（地域・企業等）のアウトカムを、政策を受けなかったときの仮想的な状況と比較することによって、政策の効果を分析する手法である。政策を受けた主体が、仮に政策を受けなかった場合にどうなっていたのかは、一般には分からない。しかし合成コントロール法の場合、対照群のデータを重み付けして合成することによって、政策を受けた単一主体の「クローン（合成コントロール）」をつくり出し、政策を受けた場合（政策を受けた主体の実際のアウトカム）と受けなかった場合（合成コントロールのアウトカム）を比較することで、効果検証を行う方法である。処置群に含まれる個別主体ごとに政策効果を推定できる点も、合成コントロール法の強みと言える。

　「回帰分析・単純比較」は、政策実施後の処置群・対照群のデータを用いて効果を検証する方法である。回帰分析の場合、変数さえ把握できれば前述の「第三の要因」に対処することはできるものの、それ以外の選択バイアスを解決することはできない。また、「前後比較」は、政策実施前後の処置群

---

13) 最近は、差の差推定が妥当性を持つためには、平行トレンドの仮定以外にも誤差の独立性が確保されていることや、系列相関がないことなど多くの仮定を満たさなければならないことも指摘されるようになってきた。戒能（2018）参照。

130   A.3 フィールド実験のやり方：本書のエッセンス

表-A4 実験的方法・準実験的方法の整理

比較的厳密な手法 ↑

手法	分析方法	強み	弱み
①ランダム化比較試験	政策の対象者と非対象者をランダムに振り分けて効果を測定する。	■政策の効果を正確に測定することが可能となる。	■政策実務上、政策の対象者をランダムに振り分けることは難しいことが多い。
②回帰不連続デザイン	政策を受けるかどうかが、ある1つの基準（例えば補助金申請書から算出される得点）で決定される場合、閾値（補助金を受けられるかどうかの境目）の前後の個人等を比較することで効果を測定する。	■閾値（政策を受けられるかどうかの境目）の前後においては、政策の効果をかなり正確に測定することができる。 ■政策実務を変更しなくても実施できる可能性がある。	■閾値から離れた個人等については、政策の効果が分からない。
③マッチング	政策の対象者と非対象者のなかから、特性の似通った個人をマッチングして、効果を測定する方法。	■政策対象者と非対象者の潜在アウトカムが、利用可能な変数で説明できる場合、効果をかなり正確に測定することが出来る。 ■政策実務を変更せずに実施できる。	■利用可能な変数以外によって潜在アウトカムが説明される場合、効果を正確に測定することができない。
④操作変数法	アウトカム指標には直接的に影響はしないが、政策には影響を与えるような変数（操作変数）を用いることで、効果を測定する。	■政策実務を変更せずに実施できる。 ■適切な操作変数をみつけることができれば、効果を正確に測定することができる。	■適切な操作変数をみつけることは容易ではない。
⑤差の差推定・固定効果推定	政策対象者および非対象者のそれぞれについて、政策実施前後のデータを用いることで、トレンド要因を取り除いたうえで効果測定できる。	■トレンド要因を取り除くことができるため、前後比較よりも厳密な分析が可能となる。 ■他の手法と組み合わせることも可能。	■「平行トレンド」等の仮定が満たされている必要がある。 ■政策実施前後の両方のデータが必要となる。
⑥合成コントロール法	政策非対象者のデータを合成することによって、政策対象者が政策を受けなかった場合の仮想的な状況を推計し、政策の効果を測定する方法。	■1人・1社しか政策対象者がいなかったとしても分析ができる。 ■政策実務を変更せずに実施できる。 ■1人・1社ごとの処置効果を推定できる。	■政策実施前後の長期的な時系列データが必要となる。
⑦回帰分析・単純比較	政策実施後のみのデータを用いて、政策の効果を測定する方法。	■簡便な方法であり、データさえあれば分析ができる。 ■データがあれば、前述の「第3の要因」にも対応し得る。	■因果関係が逆方向である場合にはうまく対処できない。
⑧前後比較	政策の対象者の、政策実施前後のアウトカムを比較することで政策の効果を測定する方法。	■政策対象者だけのデータで簡便に算出可能。	■分析の仮定が厳しく、効果をきちんと測定できるケースが少ない。

↓ 比較的簡便な手法

（出所）筆者作成。

図-A13 実験的方法・準実験的方法の選択基準

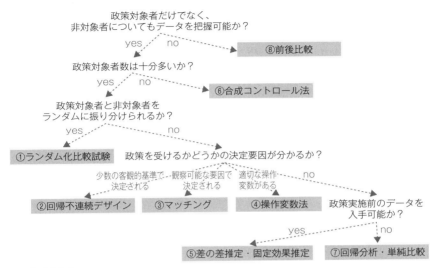

(出所) 筆者作成。

のアウトカム変化を用いて効果検証する方法である。政策現場では、処置群のデータは把握できているものの、対照群のデータまでは把握できていないというケースがよくあるが、前後比較の場合、処置群のデータのみを用いて効果検証できる点が強みではある。しかしながら、政策実施前の処置群のアウトカムを、処置群に政策を実施しなかった場合のアウトカムだとみなせるケースは非常に少ない。そういった意味で、回帰分析・単純比較や前後比較は非常にシンプルな方法で、政策現場でも頻繁に利用されている手法ではあるものの、エビデンスのレベルは非常に低いと言える。

実験的方法および準実験的方法のひとつの選択基準を示したものが図-A13である。前述の通り、政策現場では対照群のデータを把握できないことも少なくない。そうしたケースでは、前後比較によって簡単な効果検証をせざるを得ない。処置群と対照群の両方のデータが入手できたとしても、政策を受ける主体数が少ない場合は、合成コントロール法を利用することになる。

処置群・対照群に一定以上のサンプルサイズが確保できる場合で処置群・

対照群をランダムに割り当てられるのであれば、RCT を使うことが望ましい。ランダム化が難しいのであれば、回帰不連続デザインやマッチング、操作変数法の利用可能性を追求することになる。いずれも難しい場合で、政策実施前後のデータを利用可能な場合は差の差推定や固定効果推定を用いることになる。差の差推定や固定効果推定も難しい場合は、政策実施後のデータのみを用いて単純比較や回帰分析等を行うくらいしか手立てはなくなってしまう。

A.3.5　フィールド実験を行う前にやっておくべきこと：検出力を高める工夫

　ここまで読まれてきた方であればお分かりになるかもしれないが、実験的手法や準実験的手法を用いて政策の効果を検証したい場合、検証を実施する前の事前準備が決定的に重要となる。具体的には、答えたい問いが何なのか、そして行おうとしている方法は効果検証に必要な条件を満たしているのかなどを検討することである。

　そうしたなかで、特に重要なのが検出力の確保である。効果検証の事後にもっとも避けたいことは、「政策に効果があったのかなかったのかが分からない」という結論が導き出されることである。分析に用いたサンプルサイズが小さ過ぎると、推定値の誤差が大き過ぎて政策に効果があったのかなかったのかが分からないという事態に陥る可能性がある。観察データを用いた経済学の実証研究では、分析者にとってサンプルサイズは所与である。しかしながらフィールド実験においては、政策に効果があったのかなかったのかを判断できるように適切なサンプルサイズを確保する必要があり、サンプルサイズは所与ではなく分析者が決定すべき要素となる。本書の第 4 章では、検出力分析のやり方と、政策効果を分析するために必要となるサンプルサイズの計算方法が詳述されている。フィールド実験はいったん行ってしまうと、後戻りをすることはできない。実験終了後に後悔することがないように、検出力分析を必ず事前に行っておく必要がある。

　本書では、検出力を高めるために行える工夫も紹介されている。第一が、第 5 章で紹介されている事前調査の実施である。ランダム化を行うことがで

きれば、処置群と対照群の同質性は確保されるため、事前調査の実施は必ずしも不可欠ではない。しかしながら事前調査を行っておくことによって、検出力を高めることが可能となる。検出力分析を行うためには、対象者のアウトカムの標準偏差がどの程度か、政策によってアウトカムをどの程度改善しえるのか、という2つの情報が必要となる。後者については、既存研究や専門家の知見等に基づいて仮定を置かざるを得ないが、前者については事前調査が可能であれば、標準偏差を把握できる。対象者のアウトカムの標準偏差が把握できれば、より正確な検出力分析が可能となる。

　第二が、アウトカムに影響を与え得る制御変数を可能な限り収集しておくことである。もっともシンプルなRCTの場合、処置群と対照群のアウトカムを単純に比較することによって政策の効果を明らかにすることができる。しかしながら、本書の第4章で紹介されているように、潜在アウトカムに影響を与える変数を共変量として制御することができれば、処置効果の標準誤差を小さくすることができ、検出力を高めることが可能となる。一般に、ある個人・企業のアウトカムは、その個人・企業の過去のアウトカムに強く影響を受けているケースが多い。例えば、子どもの現在の学力は、その子どもの過去の学力に強い影響を受けていると考えられる。ここに事前調査を行うもうひとつのメリットがある。事前調査によって、政策実施前のアウトカムを把握しておくことができれば、それらを共変量として分析に加えることによって処置効果の標準誤差を小さくすることができ、政策効果があるかどうかを判断できる可能性を高められるのである。

　第三が、第4章第5節で紹介されている層化ランダム化である。ランダム化をする際、類似の特性を有するグループにサンプルを分割したうえでランダム化を行うことによって、処置群と対照群の類似性をさらに高めることが可能となり検出力を高められる。例えば、4人の子どもに対して教育プログラムを実施することで学力をどの程度向上させられるかを検証したい場合を考えてみよう。4人のうち、もともと学力の高い子どもが2人、学力の低い子どもが2人だとする。この4人を層化せずにランダムに2つのグループに割り振ると、処置群に学力の高い子どもが2人入ってしまうケースが起こり得るため、教育プログラムの効果によって学力が高くなったのか、もともと

学力が高い子どもだったのかが識別できなくなってしまう。子どもの数が多い場合は、ランダム化をすれば処置群と対照群の同質性が確保されることが期待できるものの、子どもの数が少ない場合は、上記のようなケースが発生しえる。層化ランダム化では、4人の子どもを学力の高い2人と低い2人に分けた上で、それぞれをランダム化する。そうすると、処置群と対照群に学力の高い子どもと低い子どもがそれぞれ1人ずつ割り振られることになり、処置群と対照群の同質性が確保されるのである。このように、特にサンプルサイズが小さい場合は、層化ランダム化によって検出力を高めることが可能となる。

A.3.6 分析結果の使い方

実験的手法や準実験的手法を適用し、政策の効果を測定することが出来れば、それを政策的な意思決定に活用したり、学術的な知見として蓄積したりしていくことになる。RCT等によって得られた分析結果は信頼性の高いものだといえるが、結果の利用に当たってはいくつか留意しなければならない点がある。本書の第8章では、分析結果の外的妥当性や一般化可能性について議論を行っているが、本書で議論されていない点も含めて、「分析結果への向き合い方」を説明したい。

■外的妥当性

分析対象となったサンプルに対する政策の因果効果の確からしさを「内的妥当性（Internal Validity）」という。RCTが正しく設計され実施されていれば、内的妥当性は確保される。一方、内的妥当性のある分析結果を他のサンプルや他の政策に一般化できるかどうかを「外的妥当性（External Validity）」と呼ぶ。例えば、都市部で行なった政策に効果があると確認されたとしても、社会的文脈の異なる地方で同じ効果が発現するとは限らない。RCTの結果だとしても外的妥当性は保証されないため、結果を一般化することには留意が必要である。また、外的妥当性が失われやすい理由として、パイロットプロジェクトの質の高さも指摘できる。一般に、パイロット的に実施される政策の場合、人的リソースや金銭的リソースを確保したうえで丁寧に実施され

解説　エビデンスに基づく政策形成の考え方と本書のエッセンス　*135*

るケースが多く、パイロット事業を大規模展開すると、思った通りの結果が得られないというケースは多い。Duncan and Magnuson（2013）は、小規模では効果を上げていた幼児教育プログラムを大規模展開すると、効果は小さくなってしまうことを指摘している[14]。

■部分均衡効果と一般均衡効果

　RCT によって明らかにできるのは、通常、部分均衡効果であって一般均衡効果でない点にも留意が必要である。例えば、職業訓練プログラムを RCT によって検証し、賃金や就職率の上昇効果が確認されたとする。その時、このプログラムを全面展開することによって、同様の賃金・就職率上昇効果を得ることができるだろうか。社会全体で職業訓練プログラムを導入した結果、労働供給が大きく上昇した場合、賃金は一定程度下落し、職業訓練の効果の一部が相殺されてしまう可能性がある。

　また、政策の効果が外部性を持ち、処置群以外にもスピルオーバーをするケースも、RCT で検証することは難しい。例えば、研究開発の支援によってイノベーションが生まれ、それが他企業等にスピルオーバーしたとしても、RCT でその効果を検証することは簡単ではない。

　RCT の分析結果を用いる際には、部分均衡効果と一般均衡効果の違いにも留意する必要がある。

■アウトカムまでのメカニズム

　RCT の結果、信頼性の高い分析結果が得られたとしても、どういった経路を通じてアウトカムが変化したのかというメカニズムまでは解明されていない。例えば、貧困家庭に対する経済支援によって子どもの進学率が改善するという結果が得られたとしても、それが学校外教育の機会が拡大されたことの起因するものなのか、家計の安定化によって親のストレスが緩和しそれが子どもにポジティブな影響をもたらしたからなのか、学費を支払えるよう

14）こうした外的妥当性の問題に解決策を与える試みが、前述のシステマティック・レビューやツールキットである。これらの取組みは、既存の研究成果を統合することによって、政策の平均的な効果を明らかにしようとするものである。

になったからなのかは明らかではない。メカニズムが明らかでなければ、分析結果を安易に適用することには慎重さが求められる。

■測定されているアウトカムの範囲

分析結果を用いる際には、測定されているアウトカムの範囲にも留意する必要がある。例えば前述とは逆に、貧困家庭に対して経済支援を行ったが子どもの進学率は上昇しなかったという結果が得られたとする。しかしながら、その結果をもって政策には意味がなかったと判断して良いだろうか。必ずしもそうとは限らない。

例えば、貧困世帯に対して経済支援を行ったことによって、進学率は上昇しなかったものの、子どもの自己肯定感等の非認知能力が向上したり、家計の経済的なストレスが緩和されることによって虐待が防止されたりする効果があったかもしれない。つまり分析結果を用いる際は、測定されているアウトカムの範囲でしか効果を把握できていない点に留意する必要があるのである。

本書や本解説では、RCT 等の厳密な手法を用いて効果検証を行うことの意義や具体的な方法論について述べてきた。EBPM の推進や学術的な知見の蓄積を行うためには、こうした分析手法は非常に有用なものである。しかしながら本節で述べてきたように、分析結果を用いる際にはさまざまな留意点・留保条件が付される。政策担当者や分析者は、慎重さを持ちながら、それらの結果に向き合っていくことが求められるのである。

A.4 おわりに

本論では、エビデンスの定義や EBPM（エビデンスに基づく政策形成）の必要性、EBPM のサイクルを説明すると共に、本書の解説を行ってきた。EBPM を進めるためには、エビデンスをつくる、つたえる、つかうというサイクルを回していく必要があるが、利用可能なエビデンスがない場合、それをひとつずつつくっていくプロセスが EBPM のスタート地点となる。

RCT やフィールド実験は、エビデンスをつくり出すための有用なツールのひとつであり、基本的な考え方は非常にシンプルで、誰でも理解できる分析手法である。しかしながら、「フィールド」実験という名称から分かるように、フィールドを探し、実務家と連携し、調査設計を考え、実行していかない限り、エビデンスを得ることはできない。こうした一連のプロセスは、今までのデータ分析や経済分析とは異なるスキルを要求するものであり、今までそれを解説したものはほとんどなかった。

　本書は、RCT・フィールド実験の理論的な考え方から、実践する際に直面しがちな壁の乗り越え方までを幅広く網羅した稀有な解説書である。エビデンスをつくり出していく作業は、研究課題の設定に始まり、関係者との合計形成、検証のためのプロセス管理、データ収集、分析と結果のまとめと、本書に書いてある以上に泥臭いプロセスの積み重ねである。しかしながら、EBPM を進めるためには不可欠なプロセスであり、そうしたひとつずつの積み重ねが、政策的な意思決定の質を高めていくことにつながっていく。一人でも多くの政治家、行政官、研究者、コンサルタント、NGO 関係者等に、エビデンスづくりに関心を持っていただき、本書を携え、RCT・フィールド実験に参加してもらえれば幸いである。

参考文献

※原著で未公刊論文として引用されている文献のうち、本書刊行までに公刊され
たものについては、公刊論文の書誌情報にアップデートしている。

■第１章～第８章

Angrist, J. D. (1990) "Lifetime Earnings and the Vietnam Era Draft Lottery: Evidence from Social Security Administrative Records," *American Economic Review*, 80(3), pp.313-336.

Angrist, J. D. (1998) "Estimating the Labor Market Impact of Voluntary Military Service Using Social Security Data on Military Applicants," *Econometrica*, 66 (2), pp.249-88.

Angrist, J., E. Bettinger, E. Bloom, E. King, and M. Kremer (2002) "Vouchers for Private Schooling in Colombia: Evidence from a Randomized Natural Experiment," *American Economic Review*, 92(5), pp.1535-1558.

Angrist, J., E. Bettinger, and M. Kremer (2006) "Long-Term Educational Consequences of Secondary School Vouchers: Evidence from Administrative Records in Colombia," *American Economic Review*, 96(3), pp.847-862.

Angrist, J. D. and G. W. Imbens (1994) "Identification and Estimation of Local Average Treatment Effects," *Econometrica*, 62(2), pp.467-475.

Angrist, J. D. and G. W. Imbens (1995) "Two Stage Least Squares Estimation of Average Causal Effects in Models with Variable Treatment Intensity," *Journal of the American Statistical Association*, 90(430), pp.431-442.

Angrist, J. D., G. W. Imbens, and D. B. Rubin (1996) "Identification of Causal Effects Using Instrumental Variables," *Journal of the American Statistical Association*, 91(434), pp.444-455.

Ashenfelter, O., C. P. Harmon, and H. Oosterbeek (1999) "A Review of Estimates of the Schooling/Earnings Relationship, with Tests for Publication Bias," *Labour Economics*, 6(4), pp.453-470.

Ashraf, N., D. S. Karlan, and W. Yin (2006) "Tying Odysseus to the Mast: Evidence from a Commitment Savings Product in the Philippines," *Quarterly Journal of Economics*, 121(2), pp.635-672.

Attanasio, O., C. Meghir, and A. Santiago (2012) "Education Choices in Mexico: Using a Structural Model and a Randomised Experiment to Evaluate PROGRESA,"*Review of Economic Studies*, 79(1), pp.37-66.

Banerjee A. V. (2005) "New Development Economics and the Challenge to Theory," *Economic and Political Weekly*, 40(40), pp.4340-4344.

Banerjee, A., P. Bardhan, K. Basu, R. Kanbur, and D. Mookherjee (2005) "New Directions in Development Economics: Theory or Empirics?," BREAD Working Paper No. 106, A Symposium in Economic and Political Weekly.

Banerjee, A. and E. Duflo (2006) "Addressing Absence," *Journal of Economic Perspectives*, 20(1), pp.117-132.

Banerjee, A., E. Duflo, S. Cole, and L. Linden (2007) "Remedying Education: Evidence from Two Randomized Experiments in India," *Quarterly Journal of Economics*, 122(3), pp.1235-1264 .

Bardhan, P. (2005) "Theory or Empirics in Development Economics," *Economic and Political Weekly*, 40(40), pp.4333-4335.

Basu, K. (2005) "New Empirical Development Economics: Remarks on Its Philosophical Foundations," *Economic and Political Weekly*, 40(40), pp. 4336-4339.

Bertrand, M., D. S. Karlan, S. Mullainathan, E. Shafir, and J. Zinman (2005) "What's Psychology Worth? A Field Experiment in the Consumer Credit Market," Working Papers 918, Economic Growth Center, Yale University, Available at http://ideas.repec.org/p/egc/wpaper/918.html.

Bertrand, M., S. Djankov, R. Hanna, and S. Mullainathan (2006) "Does Corruption Produce Unsafe Drivers?," NBER Working Paper, No.12274.

Bhushan, I., S. Keller, and J. B. Schwartz (2002) "Achieving the Twin Objectives of Efficiency and Equity: Contracting Health Services in Cambodia," ERD Policy Brief Series, Asian Development Bank, 6.

Bloom, E., I. Bhushan, D. Clingingsmith, R. Hong, E. King, M. Kremer, B. Loevinsohn, and B. Schwartz (2006) "Contracting for Health: Evidence from Cambodia," mimeo.

Bloom, H. S. (1995) "Minimum Detectable Effects: A simple Way to Report the Statistical Power of Experimental Designs," *Evaluation Review*, 19(5), pp. 547-556.

Bloom, H. S. (2005) "Randomizing Groups to Evaluate Place-Based Programs: Russell Sage Foundation," in *Learning More from Social Experiments*, ed. by S. Bloom, NY: Russell Sage Foundation, pp.115-172.

Bobonis, G. J., E. Miguel, and C. P. Sharma (2004) "Iron Deficiency Anemia and School Participation," Poverty Action Lab Paper No. 7.

Buddelmeyer, H., and E. Skoufias (2003) "An Evaluation on the Performance of Regression Discontinuity Design on PROGRESA," Institute for Study of Labor, Discussion Paper No. 827.

Campbell, D. T. (1969) "Reforms as Experiments," *American Psychologist*, 24(4), pp.407-429.

Card, D. (1999) "The Causal Effect of Education on Earnings," in *Handbook of Labor Economics*, Vol.3A, ed. by O. Ashenfelter, and D. Card., Amsterdam: Elsevier, pp.1801-63.

Card, D. and A. B. Krueger (1995) *Myth and Measurement: The New Economics of the Minimum Wage*, Princeton, NJ: Princeton University Press.

Chattopadhyay, R. and E. Duflo (2004) "Women as Policy Makers: Evidence from a Randomized Policy Experiment in India," *Econometrica*, 72(5), pp.1409-1443.

Cohen, J. (1988) *Statistical Power Analysis for the Behavioral Science*, 2nd ed., Hillsdale, NJ: Lawrence Erlbaum.

Cook, T. D., W. R. Shadish, and V. C. Wong (2006) "Within Study Comparisons of Experiments and Non-Experiments: Can They Help Decide on Evaluation Policy," mimeo, Northwestern University.

Cox, D. R. and N. Reid (2000) *Theory of the Design of Experiments*, London: Chapman and Hall.

Das, J., P. Krishnan, J. Habyarimana, and S. Dercon (2004) "When Can School Inputs Improve Test Scores?," World Bank Policy Research working paper, No. WPS 3217.

Deaton, A. (1997) The Analysis of Household Surveys: *A Microeconometric Approach to Development Policy*, World Bank, International Bank for Reconstruction and Development.

Dehejia, R. H. and S. Wahba (1999) "Causal Effects in Nonexperimental Studies: Reevaluating the Evaluation of Training Programs," *Journal of the American Statistical Association*, 94(448), pp.1053-1062.

DeLong, J. B. and K. Lang (1992) "Are All Economic Hypotheses False?," *Journal of Political Economy*, 100(6), pp.1257-1272.

Diaz, J. J. and S. Handa (2006) "An Assessment of Propensity Score Matching as a Non Experimental Impact Estimator: Evidence from Mexicos Progresa Program," *Journal of Human Resources*, 41(2), pp.319-345.

Dickson, R., S. Awasthi, P. Williamson, C. Demellweek, and P. Garner (2000) "Effect of Treatment for Intestinal Helminth Infection on Growth and Cognitive Performance in Children: Systematic Review of Randomized Trials," *British Medical Journal*, 320(7251), pp.1697-1701.

Donald, S. G. and K. Lang (2007) "Inference with Differences-in-Differences and Other Panel Data," *Review of Economics and Statistics*, 89(2), pp.221-233.

Duflo, E. (2004) "Scaling Up and Evaluation" in, *Accelerating Development* Oxford University Press and World Bank.

Duflo, E. (2006) "Field Experiments in Development Economics," Discussion paper.

Duflo, E., P. Dupas, M. Kremer, and S. Sinei (2006) "Education and HIV/AIDS Prevention: Evidence from a Randomized Evaluation in Western Kenya," World Bank Policy Research Working Paper No.81310.

Duflo, E. and R. Hanna (2006) "Monitoring Works: Getting Teachers to Come to School," NBER Working Paper No.11880.

Duflo, E. and M. Kremer (2005) "Use of Randomization in the Evaluation of Development Effectiveness," in *Evaluating Development Effectiveness*, ed. by O. Feinstein, G. K. Ingram, and G. K. Pitman. New Brunswick, New Jersey and London, U.K.: Transaction Publishers, vol. 7, pp.205-232.

Duflo, E., M. Kremer, and J. Robinson (2006) "Understanding Technology Adoption: Fertilizer in Western Kenya, Preliminary Results from Field Experiments," mimeo.

Duflo, E., S. Mullainathan, and M. Bertrand (2004) "How Much Should We Trust Difference in Differences Estimates?," *Quarterly Journal of Economics*, 119(1), pp.249-275.

Duflo, E. and E. Saez (2003) "The Role of Information and Social Interactions in Retirement Plan Decisions: Evidence from a Randomized Experiment," *Quarterly Journal of Economics*, 118(3), pp.815-842.

Dupas, P. (2006) "Relative Risks and the Market for Sex: Teenagers, Sugar Daddies, and HIV in Kenya," mimeo, Dartmouth College.

Fisher, R. A. (1926) "The Arrangement of Field Experiments," *Journal of the Ministry of Agriculture*, 33, pp.503-513.

Gertler, P. J. and S. Boyce (2001) "An Experiment in Incentive-Based Welfare: The Impact of PROGRESA on Health in Mexico," mimeo, UC-Berkeley.

Glazerman, S., D. Levy, and D. Myers (2003) *Nonexperimental Replications of Social Experiments: A Systematic Review*, Princeton, NJ: Mathematica Policy Research, Inc.

Glewwe, P., N. Ilias, and M. Kremer (2007) "Teacher Incentives," *Applied Economics*, 2, pp.205-227.

Glewwe, P. and M. Kremer (2006) "Schools, Teachers, and Education Outcomes in Developing Countries," in *Handbook on the Economics of Education*, Vol.2, ed. by E. Hanushek and F. Welch, Amsterdam: Elsevier, Ch.16, pp.945-1017.

Glewwe, P., M. Kremer, and S. Moulin (2004) "Textbooks and Test Scores: Evidence from a Prospective Evaluation in Kenya," mimeo, Harvard University.

Glewwe, P., M. Kremer, S. Moulin, and E. Zitzewitz (2004) "Retrospective vs.

Prospective Analyses of School Inputs: The Case of Flip Charts in Kenya," *Journal of Development Economics*, 74(1), pp.251268.

Grasdal, A. (2001) "The Performance of Sample Selection Estimators to Control for Attrition Bias," *Health Economics*, 10(5), pp.385-398.

Harrison, G. W. and J. A. List (2004) "Field Experiments," *Journal of Economic Literature*, 42(4), pp.1009-1055.

Hausman, J. A. and D. A. Wise (1979) "Attrition Bias in Experimental and Panel Data: The Gary Income Maintenance Experiment," *Econometrica*, 47(2), pp. 455-473.

Heckman, J. J. (1979) "Sample Selection Bias as a Specification Error," *Econometrica*, 47(1), pp.153-161.

Heckman, J., H. Ichimura, and P. Todd (1997) "Matching as an Econometric Evaluation Estimator: Evidence from Evaluating a Job Training Programme," *Review of Economic Studies*, 64(4), pp.605-654.

Heckman, J., H. Ichimura, J. Smith, and P. Todd (1998) "Characterizing Selection Bias Using Experimental Data," *Econometrica*, 66(5), pp.1017-1098.

Heckman, J., H. Ichimura, and P. Todd (1998) "Matching as an Econometric Evaluation Estimator," *Review of Economic Studies*, 65(2), pp.261-294.

Heckman, J., L. Lochner, and C. Taber (1998) "General Equilibrium Treatment Effects: A Study of Tuition Policy," *American Economic Review*, 88(2), pp. 381-386.

Heckman, J. and Vytlacil (2005) "Structural Equations, Treatment Effects and Econometric Policy Evaluation," *Econometrica*, 73(3), pp.669-738.

Hedges, L. (1992) "Modeling Publication Selection Effects in Meta-Analysis," *Statistical Science*, 7(2), pp.227-236.

Hedges, L. V. and I. Olkin (1985) *Statistical Methods for Meta-Analysis*, San Diego, CA: Academic Press.

Holland, P. W. (1988) "Causal Inference, Path Analysis, and Recursive Structural Equations Models," *Sociological Methodology*, 18, pp.449-484.

Holm, S. (1979) "A Simple Sequentially Rejective Multiple Test Procedure," *Scandinavian Journal of Statistics*, 6(2), pp.65-70.

Hoxby, C. M. (2003) "School Choice and School Productivity: Could School Choice Be a Tide that Lifts All Boats?," in *The Economics of School Choice*, ed. by C. M. Hoxby, Chicago: University of Chicago Press, Chap.8.

Hsieh, C. T. and M. S. Urquiola (2003) "When Schools Compete, How Do They Compete? An Assessment of Chile's Nationwide School Voucher Program,"

NBER Working Paper No. 10008.

Imbens, G. W. (2004) "Nonparametric Estimation of Average Treatment Effects Under Exo geneity: A Review," *The Review of Economics and Statistics*, 86(1), pp.4–29.

Imbens, G., G. King, and G. Ridder (2006) "On the Benefits of Stratification in Randomized Experiments," mimeo Harvard University.

International Food Policy Research (2000) "Monitoring and Evaluation System," Discussion paper, International Food Policy Research (IFPRI).

Karlan, D. S. and J. Zinman (2005) "Elasticities of Demand for Consumer Credit," Yale University Economic Growth Center Discussion Paper No. 926.

Karlan, D. S. and J. Zinman (2007) "Observing Unobservables: Identifying Information Asymmetries with a Consumer Credit Field Experiment," *Econometrica*, 77(6), pp.1993–2008.

Karlan, D. S. and J. Zinman (2010) "Expanding Credit Access: Using Randomized Supply Decisions to Estimate the Impacts," *The Review of Financial Studies*, 23 (1), pp.433–464.

Keller, S. and B. Schwartz (2001) "Final Evaluation Report: Contracting for Health Services Pilot Project," Unpublished Asian Development Bank Report on Loan No.1447- CAM.

King, G. and R. Nielsen (2019) "Why Propensity Scores Should Not Be Used for Matching," *Political Analysis*, forthcoming.

Kling, J. R. and J. B. Liebman (2004) "Experimental Analysis of Neighborhood Effects on Youth," KSG Working Paper No. RWP04–034.

Kling, J. R., J. B. Liebman, L. F. Katz, and L. Sanbonmatsu (2004) "Moving To Opportunity and Tranquility: Neighborhood Effects on Adult Economic Self-sufficiency and Health from a Randomized Housing Voucher Experiment," KSG Working Paper No.RWP04–035.

Kremer, M. (2003) "Randomized Evaluations of Educational Programs in Developing Countries: Some Lessons," *American Economic Review*, 93(2), pp.102–106.

Kremer, M., E. Miguel, and R. Thornton (2009) "Incentives to Learn," *The Review of Economics and Statistics*, 91(3), pp.437–456.

Krueger, A. B. and D. M. Whitmore (2002) "Would Smaller Classes Help Close the Black-white Achievement Gap?," in *Bridging the Achievement Gap*, ed. by J. Chubb and T. Loveless, Washington, DC: Brookings Institute Press.

Lalonde, R. J. (1986) "Evaluating the Econometric Evaluations of Training Programs Using Experimental Data," *American Economic Review*, 76(4), pp.602–620.

Lee, D. S. (2002) "Trimming for Bounds on Treatment Effects with Missing Outcomes," NBER Technical Working Paper No.277.

Liebman, J. B., L. F. Katz, and J. Kling (2004) "Beyond Treatment Effects: Estimating the Relationship between Neighborhood Poverty and Individual Outcomes in the MTO Experiment," Princeton IRS Working Paper 493.

Maluccio, J. A. and R. Flores (2005) "Impact Evaluation of a Conditional Cash Transfer Program," Discussion paper, International Food Policy Research Institute, Research Report No. 141.

Manski, C. F. (1989) "Schooling as Experimentation: A Reappraisal of the Postsecondary Dropout Phenomenon," *Economics of Education Review*, 8(4), pp.305-312.

Manski, C. F. (1993) "Identification of Exogenous Social Effects: The Reflection Problem," *Review of Economic Studies*, 60(3), pp.531-542.

McKenzie, D. (2016) "What Does Alwyn Young's Paper Mean for Analysis of Experiments?" World Bank Blogs.

Miguel, E. and M. Kremer (2003) "Networks, Social Learning, and Technology Adoption: The Case of Deworming Drugs in Kenya," Center for Labor Economics, University of California, Berkekey,Working Paper 61.

Miguel, E. and M. Kremer (2004) "Worms: Identifying Impacts on Education and Health in the Presence of Treatment Externalities," *Econometrica*, 72(1), pp. 159-218.

Mookherjee, D. (2005) "Is There Too Little Theory in Development Economics?," *Economic and Political Weekly*, 40(40) pp.4328-4333.

Morduch, J. (1998) "Does Microfinance Really Help the Poor? New Evidence from Flagship Programs in Bangladesh," mimeo, Princeton University.

Moulton, B. R. (1990) "An Illustration of a Pitfall in Estimating the Effects of Aggregate Variables on Micro Units," *Review of Economics and Statistics*, 72(2), pp.334-338.

O'Brien, P. C. (1984) "Procedures for Comparing Samples with Multiple Endpoints," *Biometrics*, 40(4), pp.1079-1087.

Olken, B. A. (2005) "Monitoring Corruption: Evidence from a Field Experiment in Indonesia," NBER Working Paper No.11753.

Parker, S., L. Rubalcava, and G. Teruel (2008) "Evaluating Conditional Schooling and Health Programs," in *Handbook of Development Economics*, Vol.4, ed. by T. Schultz, J. Strauss, Amsterdam: Elsevier, Chap.62, pp.3963-4035.

Pitt, M. and S. Khandker (1998) "The Impact of Group-Based Credit Programs on

Poor Households in Bangladesh: Does the Gender of Participants Matter," *Journal of Political Economy*, 106(5), pp.958–996.

Raudenbush, S. W., J. Spybrook, X. Liu, and R. Congdon (2005) "Optimal Design for Longitudinal and Multilevel Research: Documentation for the Optimal Design Software," Retrieved April 15, 2005 from http://sitemaker.umich.edu/group-based/optimal design software.

Ravallion, M. (2008) "Evaluating Anti-Poverty Programs," in *Handbook of Development Economics*, Vol.4, ed. by T. Schultz, J. Strauss, Amsterdam: Elsevier, Chap. 59, pp.3787–3846.

Rosenbaum, P. R. (2002) "Covariance Adjustment in Randomized Experiments and Observational Studies (with discussion)," *Statistical Science*, 17(3), pp.286–327.

Rosenbaum, P. R. and D. B. Rubin (1983) "The Central Role of the Propensity Score in Observational Studies for Causal Effects," *Biometrika*, 70(1), pp.41–55.

Rubin, D. B. (1974) "Estimating Causal Effects of Treatments in Randomized and Non-Randomized Studies," *Journal of Educational Psychology*, 66(5), pp. 688–701.

Savin, N. E. (1984) "Multiple Hypothesis Testing," in *Handbook of Econometrics*, Vol.2, ed. by ed. by Z. Griliches and M. D. Intriligator, Amsterdam: Elsevier, chap.14, pp.827–879.

Schady, N. R. and M. C. Araujo (2006) "Cash, Conditions, School Enrollment, and Child Work: Evidence from a Randomized Experiment in Ecuador," Unpublished manuscript.

Schultz, T. P. (2004) "School Subsidies for the Poor: Evaluating the Mexican PROGRESA Poverty Program," *Journal of Development Economics*, 74(1), pp. 199–250.

Schwartz, B. and I. Bhushan (2004) "Reducing Inequity In the Provision of Primary Health Care Services: Contracting In Cambodia," mimeo.

Smith, J. A. and P. E. Todd (2005) "Does Matching Overcome Lalonde's Critique of Nonexperimental Estimators?," *Journal of Econometrics*, 125 (1-2), pp.305–353.

Tamhane A. C. and B.R. Logan (2003) "Accurate Critical Constants for the One - Sided Approximate Likelihood Ratio Test of a Normal Mean Vector When the Covariance Matrix Is Estimated," *Biometrics*, 58(3), pp.650–656.

Thomas, D., E. Frankenberg, J. Friedman, J.-P. Habicht, and E. Al (2003) "Iron Deficiency and the Well Being of Older Adults: Early Results from a Randomized Nutrition Intervention," mimeo, UCLA.

Todd, P. E. (2006) "Evaluating Social Programs with Endogenous Program

Placement and Self Selection of the Treated," forthcoming in *Handbook of Development Economics*, Vol. 4, ed. by T. Schultz, J. Strauss, Amsterdam: Elsevier, Chap.60, pp.3847-3894.

Todd, P. E. and K. I. Wolpin（2008）"Ex Ante Evaluation of Social Programs," *Annales d'Économie et de Statistique*, 91-92, pp.263-291.

Vermeersch, C. and M. Kremer（2004）"School Meals, Educational Achievement, and School Competition: Evidence from a Randomized Evaluation," World Bank Policy Research Working Paper No.3523.

Westfall, P. H. and S. S. Young（1993）*Resampling-Based Multiple Testing: Examples and Methods for p-Value Adjustement*, New York: Wiley.

Wooldridge J. M.（2002）"Inverse Probability Weighted M-Estimators for Sample Selection, Attrition, and Stratification," *Portuguese Economic Journal*, 1（2）, pp. 117-139.

Wooldridge, J. M.（2003）"Cluster-Sample Methods in Applied Econometrics," *American Economic Review*, 93（2）, pp.133-138.

Young, A.（2019）"Channelling Fisher: Randomization Tests and the Statistical Insignificance of Seemingly Significant Experimental Results," *Quarterly Journal of Economics*, 134（2）, pp.557-598.

■解　説

家子直幸・小林庸平・松岡夏子・西尾真治（2016）「エビデンスで変わる政策形成 ――イギリスにおける「エビデンスに基づく政策」の動向、ランダム化比較試験による実証、及び日本への示唆」MURC 政策研究レポート

伊藤公一朗（2017）『データ分析の力 因果関係に迫る思考法』光文社新書

内山融・小林庸平・田口壮輔・小池孝英（2018）「英国におけるエビデンスに基づく政策形成と日本への示唆――エビデンスの「需要」と「供給」に着目した分析」 RIETI Policy Discussion Paper Series 18-P-018

戒能一成（2017）「政策評価のための横断面前後差分析（DID）の前提条件と処置効果の安定性条件（SUTVA）に問題を生じる場合の対策手法の考察」RIETI Discussion Paper Series 17-J-075

小林庸平（2014）「政策効果分析の潮流とランダム化比較実験を用いたアンケート督促効果の推定」MURC 政策研究レポート

津谷喜一郎（2000）「コクラン共同計画とシステマティック・レビュー――EBM における位置付け」公衆衛生研究、49（4）

中室牧子・津川友介（2017）『「原因と結果」の経済学――データから真実を見抜く思考法』ダイヤモンド社

バナジー、アビジット・V、エステル・デュフロ著、山形浩生訳（2012）『貧乏人の経済学——もういちど貧困問題を根っこから考える』みすず書房

Abadie, A. and Gardeazabal, J. (2003) "The Economic Costs of Conflict: A Case Study of the Basque Country," *American Economic Review*, 93(1), pp.113-132.

Abadie, A., Diamond, A., and Hainmueller, J. (2010) "Synthetic Control Methods for Comparative Case Studies: Estimating the Effect of California's Tabacco Control Program," *Journal of the American Statistical Association*, 105(490), pp. 493-505.

Abadie, A., Diamond, A., and Hainmueller, J. (2015) "Comparative Politics and the Synthetic Control Method," *American Journal of Political Science*, 59(2), pp. 495-510.

Card, D., Kluve, J., and Weber, A. (2015) "What Works? A Meta Analysis of Recent Active Labor Market Program Evaluations," IZA Discussion Paper Series No.9236.

Cattaneo, M. D., Idrobo, N., and Titiunik, R. (2018a) *A Practical Introduction to Regression Discontinuity Designs: Volume I*, mimeo (forthcoming from Cambridge University Press).

Cattaneo, M. D., Idrobo, N., and Titiunik, R. (2018b) *A Practical Introduction to Regression Discontinuity Designs: Volume II*, mimeo (forthcoming from Cambridge University Press).

Chaplin, D. D., Cook, T. D., Zurovac, J., Coopersmith, J. S., Finucane, M. M., Vollmer, L. N., and Morris, R. E. (2018) "The Internal and External Validity of the Regression Discontinuity Design: A Meta-Analysis of 15 Within-Study Comparisons," *Journal of Policy Analysis and Management*, 37(2), pp.403-429.

Duncan, G. J. and Magnuson, K. (2013) "Investing in Preschool Programs," *Journal of Economic Perspectives*, 27(2), pp.109-132.

Filges, T., Sonne-Schmidt, C. S., and Nielsen, B. C. V. (2018) "Small Class Sizes for Improving Student Achievement in Primary and Secondary Schools," Campbell Systematic Reviews, 14.

Gough, D., Maidment, C., and Sharples, J. (2018) "UK What Works Centres: Aims, Methods and Contexts," EPPI Centre, Institute of Education, University of College London.

King, G. and Nielsen, R. (2019) "Why Propensity Scores Should Not Be Used for Matching," *Political Analysis*, forthcoming.

Rubin, D. B. (1974) "Estimating Causal Effects of Treatments in Randomized and Non-randomized Studies," *Journal of Educational Psychology*, 66(5), pp. 688-701.

索　引

欧　文

Always-taker　124
ATE　→ 平均処置効果
Complier　→ コンプライアー
Defier　124
EBPM　→ エビデンスに基づく政策形成
i.i.d.　37, 41
ITT　67, 68, 72-74, 123, 124
IV　→ 操作変数
LATE　→ 局所平均処置効果
MDE　→ 検出可能な最小の処置効果量
Never-taker　124
NGO　25, 26, 32
OLS　8, 20, 36, 41, 48, 49, 64
RCT　→ ランダム化比較試験
SEED　28, 29, 40, 90
Stable Unit Treatment Value Assumption (SUTVA)　8, 74
STAR　65
STAR プロジェクト　55
SUTVA　→ Stable Unit Treatment Value Assumption
What Works Centre (WWC)　115, 116

ア　行

アウトカム　4
一般化可能性　93, 134
一般均衡効果　87-89, 104, 135
因果推論　4
引用バイアス　19
後ろ向き (retrospective) 評価　2, 83, 98, 101

エビデンス　102, 103
　　――・ギャップ・マップ　112, 113, 115
　　――に基づく政策形成 (EBPM)　102-106, 115, 136, 137
　　――の質　110, 111
横断的手法　56-59
応募超過法　29, 30, 45, 70, 121

カ　行

回帰不連続デザイン　12, 13, 15, 16, 110, 125, 126, 132
回帰分析　129, 131
外的妥当性　8, 71, 87, 92, 93, 134
介入　4
外部性　73, 74, 76, 88, 95, 135
課税繰延口座　34
仮説検定　37, 81, 82
完全コンプライアンス　64-66, 72
帰無仮説　37, 38, 81, 82
逆選択効果　97
教育クーポン　30
局所平均処置効果 (LATE)　69, 70, 123, 124
偽陽性　19
行政データ　60, 61
共変量　45-48, 86
クラスター相関 Huber-White 共分散行列推定量　80
グラミン銀行　13
グループ
　　――化されたエラー　41

——化されたデータ　80
——単位でのランダム化　36
——内相関　42, 50, 52, 84
——内ランダム化　30, 32, 121, 123
傾向スコア　12
——マッチング　15, 16
経済理論　10, 27, 96
結合帰無仮説　82
欠落変数バイアス　21
検出可能な最小の処置効果量（MDE）
　　38-40, 42, 44, 45, 51, 58
検出力　36, 38, 39, 49, 51, 52, 54, 58, 83,
　　84, 132-134
——計算　36, 49, 50, 52
——検出力分析　132, 133
合成コントロール法　129, 131
構造形　10
構造パラメータ　9
構造モデル　96
個人単位でのランダム化　54
固定効果推定　14, 132
コンプライアー（Complier）　43, 70-72,
　　124
コンプライアンス率　44, 45

サ 行

差の差推定　14, 17, 128, 132
サブグループ化　84
サンプルサイズ　7, 36, 39-44, 46, 48,
　　50-52, 54, 55, 57, 58, 60, 81, 84, 132
時間非整合的（双曲割引）選好　28
識別の仮定　10
システマティック・レビュー　16, 21,
　　112, 113, 115, 116
自然実験　71
事前調査　45, 50, 60, 61, 132, 133

実験
——設計　36
——的手法　15-17
——的方法　129
集団単位でのランダム化　55
出版バイアス　18, 20, 21, 83
準実験
——的手法　15, 16
——的方法　125, 129
奨励設計　30, 33-35, 121, 123, 124
処置　4
——群　5, 7, 109, 119
——効果　119
——を受けた人の処置効果　6
ジョンヘンリー効果　89, 90
推論　80
制御変数　16, 18, 36, 45, 46, 60, 61, 133
生産関数　9
政府　24, 26
潜在アウトカム　2, 5, 6, 119
選択バイアス　5-8, 10-13, 66, 119
全微分　9, 10
層化　36, 47-49
——ランダム化　133, 134
操作変数（IV）　18, 20, 34, 67-73, 123
——法　20, 35, 110, 132

タ 行

第一種の過誤　37, 51
対照群　5, 7, 109, 119
第二種の過誤　37
対立仮説　37
脱落　61, 76-78
段階的導入　30-32, 121-123
単調性　68, 69, 72
ツールキット　112, 115-117

データ収集　60
統計的検出力　36
特定化の探索　19, 46, 47, 86
独立性　68, 69, 72, 76

ナ　行

内的妥当性　8, 87, 134

ハ　行

パートナー　24
パイロット　121
　　——プログラム　27, 91
　　——プロジェクト　23
バルサキ　32, 33, 47, 70, 72, 77
反実仮想　4, 32
ピア効果　17, 20
非実験
　　——的研究　17
　　——的手法　15-17
ファクト・事前分析結果　102, 103
フィールド実験　27, 96, 100, 102, 110, 118
不完全コンプライアンス　36, 43, 44, 64, 65, 67
複数アウトカム　82
部分均衡効果　87, 135
プログレサ　16, 24, 25, 27, 32, 41, 56, 93, 95, 96
ブロック化　47
分割時系列デザイン　15
平均因果効果　70
平均処置効果（ATE）　7, 47, 68, 73
平均標準化処置効果　83

ベースライン調査　45
偏微分　9, 10
ホーソン効果　89, 90

マ　行

マイクロクレジット　32, 44
前向き（prospective）評価　83, 89, 98, 101
負の所得税　24, 76
マッチング　12, 15, 110, 126, 132
見かけ上無関係な回帰　83
メタ分析　20, 52
メリーランドスケール　110, 111
モラルハザード　97

ヤ　行

有意水準　37-39
誘導形　10

ラ　行

ランダム化
　　——推論　81
　　——の単位　53
　　——比較試験（RCT）　1, 7, 10, 15, 16, 27, 96, 100, 102, 109, 110, 118, 119, 121, 132
理論モデル　96
臨界値　38
ロジックモデル　103

ワ　行

割当率　63
ワルド推定量　69, 70, 73

著訳者紹介

■著　者

エステル・デュフロ（Esther Duflo）

マサチューセッツ工科大学（MIT）経済学部教授。アブドゥル・ラティーフ・ジャミール貧困アクションラボ（J-PAL）共同創設者・共同理事。パリの高等師範学校で学士号を取得。その後 MIT で経済学の博士号取得。MIT 助教などを経て現職。全米芸術科学アカデミーおよび計量経済学会フェロー。40歳以下で最高のアメリカの経済学者に授与されるジョン・ベイツ・クラークメダル、マッカーサーフェローシップ、カルヴォ・アルメンゴル国際賞、ノーベル経済学賞など受賞。

レイチェル・グレナスター（Rachel Glennerster）

シカゴ大学経済学部教授。オックスフォード大学で学士号を取得。その後ロンドン大学で経済学の修士号・博士号を取得。アブドゥル・ラティーフ・ジャミール貧困アクションラボ（J-PAL）常任理事、英国国際開発省（DFID）チーフエコノミストなどを経て現職。

マイケル・クレーマー（Michael Kremer）

シカゴ大学経済学部教授。ハーバード大学で学士号、経済学の博士号を取得。ハーバード大学経済学部教授などを経て現職。全米芸術科学アカデミーフェロー。マッカーサーフェローシップ、ノーベル経済学賞など受賞。

■訳　者

小林庸平（こばやし・ようへい）［監訳・解説］

三菱 UFJ リサーチ＆コンサルティング（株）経済政策部主任研究員。経済産業研究所コンサルティングフェローを兼務。一橋大学大学院経済学研究科博士課程修了。博士（経済学）。経済産業省産業構造課課長補佐、経済産業研究所研究員等を経て、現職。主著『徹底調査 子供の貧困が日本を滅ぼす──社会的損失40兆円の衝撃』（文春新書、2016年、共著）など。

石川貴之（いしかわ・たかゆき）

三菱 UFJ リサーチ＆コンサルティング（株）地球環境部研究員。ヴァンダービルト大学大学院開発経済学プログラム修了。修士（経済学）。

井上領介（いのうえ・りょうすけ）

三菱 UFJ リサーチ＆コンサルティング（株）持続可能社会部副主任研究員。東京大学大学院農学生命科学研究科修士課程修了。修士（農学）。

名取　淳（なとり・じゅん）

PwC コンサルティング合同会社　People Transformation マネージャー。大阪大学大学院経済学研究科博士前期課程修了。修士（経済学）。三菱 UFJ リサーチ＆コンサルティング（株）を経て、現職。

政策評価のための因果関係の見つけ方
ランダム化比較試験入門

2019年7月30日　第1版第1刷発行
2022年5月15日　第1版第6刷発行

著　著―――――エステル・デュフロ、レイチェル・グレナスター、マイケル・クレーマー
監訳・解説――小林庸平
訳―――――――石川貴之、井上領介、名取　淳
発行所―――――株式会社日本評論社
　　　　　　　　〒170-8474　東京都豊島区南大塚3-12-4
　　　　　　　　電話　03-3987-8621（販売）　03-3987-8595（編集）
　　　　　　　　ウェブサイト　https://www.nippyo.co.jp/
印　刷―――――精文堂印刷株式会社
製　本―――――株式会社松岳社
装　幀―――――林　健造
検印省略 © Yohei Kobayashi, 2019
ISBN978-4-535-55934-9　　Printed in Japan

JCOPY　〈(社) 出版者著作権管理機構　委託出版物〉

本書の無断複写は著作権法上での例外を除き禁じられています。複写される場合は、そのつど事前に、(社) 出
版者著作権管理機構（電話 03-5244-5088、FAX 03-5244-5089、e-mail：info@jcopy.or.jp）の許諾を得てくださ
い。また、本書を代行業者等の第三者に依頼してスキャニング等の行為によりデジタル化することは、個人の家
庭内の利用であっても、一切認められておりません。